Z世代
旅游超载
冥想旅游
旅游大使
游学旅游
银屏旅游
公益旅游
宅度假
朝圣旅游
从农场到餐桌
数字游民
乞讨背包客
火车度假
天文旅游
民族旅游
旅游区
轻探险旅游
医疗旅游
时尚精品旅舍
旅游保险
文学旅游
太空旅游
旅游税
超本地化旅游
露营旅游
旅游元搜索
战地旅游
体育旅游
休闲商务旅行
黑暗旅游
主题公园
一价全包
原住民旅游
高尔夫旅游
顾客忠诚计划
代码共享
文物活化
互动营销
探险旅游
内部营销
安霍尔特－捷孚凯国家品牌指数
老年旅游
碳排放交易
世界厕所日
湿地旅游
海岛旅游
山地旅游
工业旅游
扶贫旅游

“旅游外交”热词

华旅兴 编著

人民出版社

写在《“旅游外交”热词》出版之际

近年来，世界旅游业快速发展，2016 年全球 12 亿人次游客跨境旅游，2017 年继续增长。旅游的影响早已超越旅游产业本身，成为关乎全球超过 10% 就业人口、超过 10%GDP 的重要综合性产业，成为增加就业、拉动世界经济增长，推动可持续、包容性发展且影响日益扩大的重要产业，成为跨国跨境跨民族的民间交往、民间外交的重要渠道，从而成为全球化的重要推手。

旅游业的蓬勃发展引起了国际社会的广泛关注。各国在旅游产业发展中均有创新。许多发达国家将“观光立国”“旅游兴国”作为基本国策。各国将旅游产业作为提升国际形象、释放消费能量、扩大国民就业的重要支柱产业。旅游外交的作用亦日益突显。

旅游外交，既是政府外交，更是民间外交；既是经贸交往，更是民间互动、民心相通、文化交流。因此，各国无不高度重视旅游外交。在习近平主席关于构建人类命运共同体思想的指引下，我国旅游外交日趋活跃，精彩纷呈。要做好旅游外交，必须了解国际旅游。它山之石，可以攻玉。为更好地借鉴学习其他国家和地区发展旅游的经验，提高旅游文明水平，更加有效地开展旅游国际合作和旅游外交，我们聚焦国际旅游，结合旅游发展热点，收集整理了一批词条，汇编成书，供读者参阅。

《“旅游外交”热词》与《“全域旅游”热词》作为姐妹篇联袂问世，能读能品，可喜可贺！

李金早

2018年1月于北京

目　录
Contents

DUTY FREE

ER COURANT

旅游竞争力指数

The Travel & Tourism Competitiveness Index

旅游竞争力指数由总部设在日内瓦的世界经济论坛（World Economic Forum，WEF）于2007年3月首次公布。旅游竞争力指数由四大类别、14项指标构成，评价各经济体推动旅游可持续发展的各种因素与政策、旅游的可持续发展可影响国家的整体发展以及竞争力的提升。

旅游竞争力指数旨在衡量一个国家或地区旅游业发展水平和竞争力的评价体系，它由若干支柱构成，包括政策规定和规章制度、环境规章制度、安全和保障、健康和卫生、旅行及观光业的优先化等可被统一纳入"政策环境小类"的指标；包括可被纳入"商业环境和基础设施小类"中的空中交通基础设施、陆地交通基础设施、观光基础设施、ICT 基础设施和观光业价格竞争力；还包括被归入"人文和文化资源类"的人力资源、国家的观光业认知度和自然文化资源等指标。

世界经济论坛每两年发布一次《旅游业竞争力报告》，采用 14 个指标对全球 141 个国家和地区展开测评，旨在通过指数分析，衡量各经济体通过发展旅游业创造经济和社会效益的潜力。这 14 个指标是：(1) 商业环境；(2) 安全性；(3) 健康与卫生；(4) 人力资源和劳动力市场；(5) 信息通信技术准备；(6) 发展旅游的优先次序；(7) 国际开放度；(8) 价格竞争力；(9) 环境可持续性；(10) 航空运输基础设施；(11) 地面和港口设施；(12) 旅游服务设施；(13) 自然资源；(14) 文化资源和商务旅行。

这些支柱的量化打分，引用了国际航空运输协会（IATA）、世界旅游组织（UNWTO）、世界贸易组织（WTO）、世界旅游业理事会（WTTC）等国际组织的具体信息以及对企业领袖的调查。每个支柱的得分统计，影响着参评国家在排行榜上的最终排名情况。

《旅游业竞争力报告（2015）》显示，西班牙首次位列全球第一，成为全球旅游业竞争力最强国。日本是亚洲国家中排名最高的国家，中国大陆从上次报告中的第 45 位升至第 17 位。

中国的自然资源和文化资源优势无可比拟，两项综合实力位居全球第一，人力成本也相对低廉，但"环境可持续性"项排名靠后，针对游客的服务建设也排在百名开外，这都拖了中国在全球旅游业中竞争力的后腿。

2015 年排名前十的仍然是传统旅游热门国家，即：西班牙、法国、德国、美国、英国、瑞士、澳大利亚、意大利、日本和加拿大，但发达国家与新兴经济体之间的旅游业竞争力差距正在缩小。

亚洲进入榜单前50位的国家和地区包括：新加坡（第11位）、中国香港（第13位）、中国大陆（第17位）、马来西亚（第25位）、韩国（第29位）、中国台湾（第32位）、泰国（第35位）以及印度尼西亚（第50位）。

《旅游业竞争力报告（2015）》还指出，随着国际游客人数的日益增长和本地区中产阶层游客群体的壮大，东亚地区已成为全球最具活力的旅游热点地区；2013—2014年间，东南亚已成为全球游客增长最快的地区之一。

来源："The Travel & Tourism Competitiveness Report"，http：//www.weforum.org。

安霍尔特—捷孚凯国家品牌指数

Anholt-GfK Roper National Brands Index

安霍尔特—捷孚凯国家品牌指数，是由英国学者和政策分析家西蒙·安霍尔特（Simon Anholt）于 2005 年创建的一套测量国家品牌形象的方法。目前，这一指数被用于测量全球 50 个国家的国家品牌形象，每年由 GfK Roper 公共事务与媒体公司（GfK Roper Public Affairs and Media）与安霍尔特共同执行。

安霍尔特—捷孚凯国家品牌指数测量法通过一套由 40 个问题组成的问卷，每年在 20 个国家做 2 万份问卷，调查受访者对 50 个国家

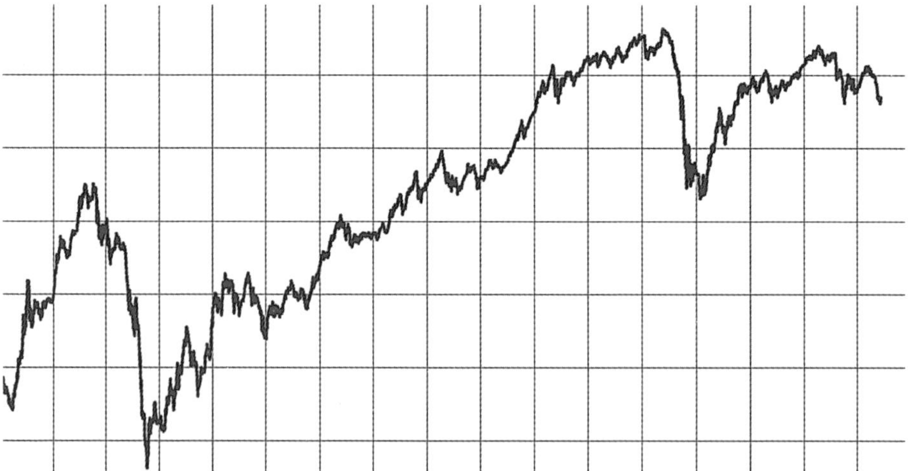

的看法，问卷由一般性问题与实体性问题组成。一般性问题旨在测量受访者对一国的认识程度，分为三部分内容：对该国的熟悉程度，对该国的喜爱程度，与该国的交往历史与看法。对该国的熟悉程度分为非常熟悉、熟悉、有些了解、只听过名字、一无所知。对该国的喜爱程度是一个 7 分的量表，其中 7 分为非常喜爱，4 分为既不喜爱也不讨厌，1 分为非常讨厌。与该国的交往历史与看法分为：曾经去该国度假，曾经去该国商务旅行，曾经购买过该国的商品或服务，对当前经济低迷现象有反映。

实体性问题包括六个栏目：商品、治理、文化、人民、旅游、移民与投资。每个栏目下有一些具体问题。受访者的回答被归入一个 7 分的量表当中，其中 7 分为强烈同意，4 分为既不同意也不反对，1 分为强烈反对。

来源："The Anholt-GfK Roper Nation Brands Index"，www.simonanholt.com。

旅游地生命周期理论

The Concept of A Tourist Area Cycle of Evolution

旅游地生命周期理论由加拿大学者巴特勒（Butler R.W.）于1980年提出，他将旅游地的生命周期分为探索、参与、发展、巩固、停止、衰退六个阶段。

巴特勒认为，旅游地的生命周期始于一小部分具有冒险精神、不喜欢商业化旅游地的旅游者的“探索”(exploration)。随着旅游地居

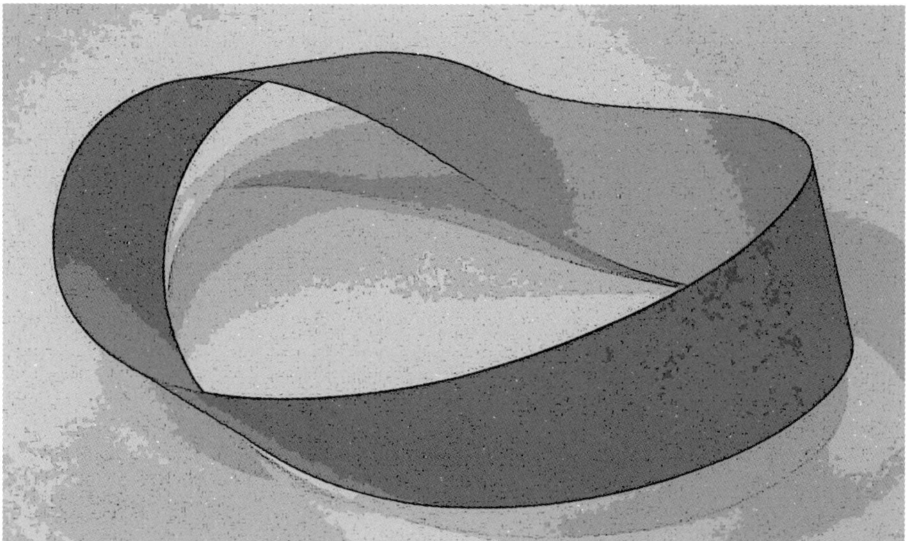

民积极“参与”（involvement），出现了满足消费者需求的休闲设施以及吸引游客的广告宣传，使旅游者数量进一步增加。伴随旅游的不断“发展”（development），旅游者数量快速增加，对旅游经营的控制权也逐步从当地人向外来公司手中转移。进入“巩固”（consolidation）阶段后，尽管旅游者总数仍在增长，但增长的速度已经放慢。当旅游地发展至“停滞”（stagnation）阶段，旅游者人数已经达到高峰，旅游地对旅游者来说也不再是一个特别时髦的去处。进入“衰退”（decline）阶段后，旅游者被新的度假地所吸引，旅游地主要依靠一日游和周末游维持。

旅游地生命周期理论为企业和政府研究旅游目的地的演化过程、预测旅游地的发展、指导旅游地的市场营销和规划提供了理论框架。

来源：“The Concept of A Tourist Area Cycle of Evolution：Implication For Management of Resources”，by Butler R.W.，March 1980。

景观连接度理论

Landscape Connectivity Theory

景观连接度理论是生态学的一种理论，1984 年由丹麦生态学家麦林（Merriam）首次引用到景观生态学中，指景观促进或阻碍生物体或某种生态过程在源斑块间运动的程度，反映了景观的功能特征。

景观连接度理论包括结构连接度（structural connectivity）和功能连接度（functional connectivity）。前者指景观在空间上直接表现出的连续性，可通过卫星片、航拍片或视觉器官观察来确定。后者是以所研究的生态学对象或过程的特征尺度来确定的景观连续性。例如种子传播距离、动物取食和繁殖活动的范围以及养分循环的空间幅度等，都与景观结构连续性相互作用，并一起来确定景观的功能连接度。因此，景观连接度密切地依赖于观察尺度和所研究对象的特征尺度，即某现象集中出现的尺度。

景观连接度被认为是测定景观生态过程的一种指标。通过这种生态过程，景观中一些生物亚群体相互影响、作用形成一种有机整体。景观连接度的影响因子主要表现在三个方面：(1）组成景观的要素和空间分布格局；(2）研究的生态过程；(3）研究的对象和目的。景观连接度是一相对的测定目标，表达了一种生态过程在两个景观元素之间进行的顺利程度，其大小应在 0—1 之间变化：0 表示景观元素之间在功能上没有生态联系，1 表示景观元素之间在功能上达到最好的联系。

景观连接度理论与方法是景观评价、管理和生态规划的重要基础，对于区域可持续发展和生物多样性保护等方面的研究都具有重要指导意义。

来源：“Landscape connectivity：corridors and more，in Issues in Ecology”，By Liza Lester，*Ecological Society of American*，October 19，2012。

编译：李睿

旅游承载力

Tourism Bearing Capacity

旅游承载力这一概念最早是由拉佩芝（Lapage）于 1963 年提出的。在《旅游学：原理与实践》一书中，克里斯·库珀（Chris Cooper）等学者给出的定义是："一个景点、一个度假地，甚至一个

地区所能承受而又不会造成破坏性后果的旅游资源的利用能力。”

克里斯·库珀等学者认为旅游承载力包含自然承载力、心理承载力、生态承载力和社会承载力四种。其中，自然承载力是指可供利用的适当的土地数量以及设施设备（如停车场车位、餐厅面积和住宿设施的床位）的容量限度；心理承载力是指游客对旅游资源所在地吸纳的过量游客造成的拥挤和喧闹在心理或知觉上承受的能力；生态承载力是指包括动植物在内的旅游资源所在地的生态系统对游客数量承受的极限；社会承载力是指旅游资源所在地的居民和企业对旅游发展带来的变化所能接受的限度。

世界旅游组织也对旅游承载力给出了定义：“一个地区在提供使旅游者满意的接待并对资源产生很小影响的前提下，所能进行旅游活动的规模。”

来源：“Tourism：Pinciples and Practice”，by Chris Cooper，2008。

负责任的旅游

Responsible Tourism

负责任的旅游指游客本着高度的责任感和使命感，遵循旅游业的发展规律，在整个旅游活动过程中，尊重旅游地的自然、社会、文化环境，降低旅游行为所造成的负面影响的旅游形式。负责任的旅游国际中心主任古德温（Harold Goodwin）于 2001 年提出负责任的旅游

这一概念，认为旅游业和旅游者要考虑旅游的经济、环境和社会影响，并且尽量减少负面影响。

当提起负责任的旅游时，很多人第一时间就会联想到“绿色”或者“生态”这类关键词。当然，负责任的旅游并非仅仅止步于绿色环保而已。人们开始强调“尊重旅游目的地的文化，为当地经济带来好处，并从中获得旅行的欣喜和快乐”。在《环保行为规范》（*Code Green*）一书中，负责任的旅游被描述为层层相递的三个层次：第一，如何将对环境的负面影响降到最低，并为当地的生物多样性带来积极贡献；第二，旅行者如何去和当地人交流和尊重当地文化；第三，旅行者的消费如何对当地经济产生积极回报。因为有些消费并不是直接回馈当地社区，而是流入跨国公司或其他机构，当地居民并不能从中受益。

来源：“What is Responsible Tourism?” http：//responsible tourism partnership.org。

编译：李霏霏

社 会 旅 游

Social Tourism

最简单地说，社会旅游就是一种具有福利性质的旅游。1951年，瑞士学者亨其克（Hunzicker）最早对社会旅游（social tourism）作出界定，即："经济困难或存在其他负面因素的社会群体参与旅游活动时所产生的各种现象和关系的总和。"之后，国际社会旅游组织（International Social Tourism Organization，ISTO）将社会旅游定义为：

“由民众尤其是低收入阶层参与旅游活动中所产生的各种现象和关系的总和。”“参与”在此意味着借助采取（一个定义良好的社会特征下的）各种措施，让收入有限的民众参与旅游成为可能，或为其参与旅游提供便利。自此概念提出至今六十多年来，诞生于欧洲的社会旅游，逐渐被各大洲多国政府作为一项社会公共政策来推行和发展，在解决社会弱势群体的旅游／度假参与问题、减少社会排斥、增进社会融入、提高社会福祉等社会问题上具有重要价值和积极意义。

社会旅游的内涵包含三个要素，即干预对象、干预主体和干预途径。其中，干预对象指社会旅游的服务对象，即目标受益者，包括早期产业工人中的低收入群体到后来的各类社会弱势群体。干预主体指社会旅游由谁来干预，它包括主导者和组织者，主导者主要是政府和第三方营利机构，组织者通常为主导者的下属机构，专门的社会旅游机构、工会和慈善组织等。干预途径指通过何种资助机制来帮助目标受益者获得度假/旅游的机会，包括基金资助机制（以货币形式为基础的资助方式）和旅游设施供给机制（由政府出资或各类社会团体捐款，为目标受益者兴建专门的度假设施）。

来源：“The International Social Tourism Organization”，http：// www.oits-isto.org。

文化旅游

Cultural Tourism

2700 年前，当希罗多德（Halicarnassus）第一次把眼光投向埃及金字塔时，他便成为文化旅游者。其评论中有关遗址涂鸦和成群待雇的导游之记载说明，希罗多德既不是第一个参观金字塔的旅游者，也不是第一个想了解金字塔建造者的旅游者。在有记载的历史中，当下所认知的旅游与人类永不满足的好奇心密切相关。了解其他人和其他文化一直是旅游的一个基本动机。亨齐克（Hunziker）和克拉夫特（Kraft）对此认识很到位，他们指出，“没有文化就不能称之为旅游”。直到大众旅游兴起后，旅游才进入现代享乐加游玩主导模式。

如何界定文化旅游注定是一场不休的争辩。有学者指出，文化是英语词汇中最复杂的两三个词之一，而给文化之加上旅游则进一步增加了这个词的复杂程度。于是，对界定文化旅游的种种尝试从未中断过。大部分定义认为了解他者和他者的生活方式是文化旅游的主要因素。

而了解自己则是很多定义中涉及的第二重要因素。这种人文主义定义的最美表达来自亚当的“为丰富自我而旅游”。尼斯夫塞（Kneasfsey）对这一观点进行了拓展，认为人们为了寻求知识而旅游。后来，学者们将文化资源的发展、展现和解读之观点作为旅游的一个基本要素，把文化旅游作为产业来表述是当代理解的重要观点之一。

总之，文化旅游可以宽泛地定义为人们渴望了解别人如何生活的商业化表现。这是基于满足旅游者好奇心的需要，即在“原真”环境观看他人以及通过工艺品、音乐、文学、舞蹈、饮食、戏剧、手工制品、语言和仪式所表达的生活。

来源：“Culture Tourism”，by Keith Dewar，*Encyclopedia of Tourism*，2000。

翻译：乔桂强

乡 村 旅 游

Rural Tourism

乡村风物是乡村旅游的资源所在。通过乡村旅游，城镇居民不仅能接触自然，而且可以获取短暂宁静和户外休闲空间。乡村旅游既包括旅游者对国家公园、地方公园、乡村遗址和景观公路的游览，也包

括旅游者对乡村景观和农场旅游的畅享。

通常最吸引旅游者的乡村地区是那些土地贫瘠、人口稀少、地处偏远且没有农业优势的山地区域。在北欧地区，乡村旅游历来备受推崇，目前这种旅游形式已经推广到东欧和中欧地区。比利牛斯山脉和落基山脉等山地区域重视乡村旅游发展，最初这些地方开展一些冬季运动，而现在全年都会举办各种活动。旅游给当地增加了一项收入来源，对当地女性更是如此，这对减缓乡村人口的下降速度至关重要。旅游投资或许可以使历史建筑得以保护；凭借旅游者喜好，旅游也可以令诸如乡村节日之类的传统活动起死回生。

衰败的村庄或者农场里那些被抛弃的建筑或许可以成为城镇居民的第二个家。参照法国乡村度假别墅系统，农民可以把闲置的建筑进行现代化改造租给旅游者；也可以把闲置土地开发成为房车宿营地或者休闲活动场所。此类旅游开发能给贫困地区带来复兴和繁荣，但是也能破坏最初吸引旅游者的景观特性。而且，不断增多的城镇旅游者改变了村庄的社会特性。汽车和房车的涌入导致狭窄的乡间公路交通拥堵，影响了动物的迁徙。交通带来的污染、不受控制的宠物以及外出散步忘记关门的游客都会导致家畜和作物受损。农业与旅游的淡旺季的一致也导致了两者之间的用工矛盾。所以，发展乡村旅游的成本—收益平衡问题并不总是正向的，但是旅游是很多地区不可或缺的。

来源：“Rural Tourism”，by Jane Henshall Momsen，*Encyclopedia of Tourism*，2000。

翻译：乔桂强

商务旅游

Business Travel

商务旅游是指商务旅游者以商务为主要目的，离开自己的常住地到外地或外国所进行的商务活动及其他活动。商务旅游是旅游行业中细分出来的一个概念。商务旅游活动通常包括谈判、会议、展览等活动以及与之相伴的住宿、餐饮、交通、游览、休闲、通信等活动。总之，几乎所有与商务旅游者相关的活动都可称之为商务旅游活动。政

府或非营利组织人员从事类似活动时虽然没有商业目的，但也应被归为商务旅游。

商务旅游可以分为以下几种类型：

（1）传统的商务旅行或者会见。离开常住地和办公室，与商业伙伴在不同地点面对面会见。

（2）奖励旅游。用于激励员工工作积极性，英国大约三分之一的公司使用这种策略来激励员工。

（3）会议和展览旅游。即参加大型会议与展览。

瓦布鲁克（Swarbrooke）和霍纳（Horner）分析了上述会见、奖励、会议和展览等旅游类型的商务旅游的特点，并总结了五点重要性：

（1）商务旅游与其他任何旅游类型相比通常产生更高的人均消费。

（2）商务旅客是许多航空公司和酒店的核心客群。

（3）商务旅客经常由自己的供应商与中间商提供服务，与休闲旅游并不重合。

（4）商务旅游在许多城市地区的旅游业中占主导地位。

（5）商务旅游有其特有的基础设施需求，比如会展中心。

商务旅客也与其他类型游客分享包括机场、铁路、餐饮、娱乐等基础设施。与休闲旅游相比，商务旅游不受天气、季节等因素影响，有助于在传统旅游淡季时拉动经济。因此，商务旅游通常被作为经济振兴计划的核心构成。

来源："Tourism：The Key Concepts"，by Peter Robinson。

休闲商务旅行

Bleisure

休闲商务旅行，结合商务（business）和休闲（leisure）而成，是当今旅游圈内的新生词汇。什么是休闲商务旅行？顾名思义，是一种将休闲度假元素加入传统商务旅行中来的旅行方式，如今休闲商务旅行已经渐渐成为商务人士的一种生活方式。

商务旅行对于商务人士可以说是家常便饭，然而寂寞枯燥的长途旅行令人难以忍受，许多商务人士表示，经过长途飞行到达目的地，

只为参加一场工作会议，结束后就马上返程，让他们感觉这场旅行缺少价值。因此，越来越多的商务人士将工作出差与休闲度假相结合，提早 2 至 3 日到达目的地，先开始几天的轻松旅行，再以愉快的心情去面对工作，这反而能够提高工作效率，同时使商务旅行变得丰富有趣。当然也有人选择先完成工作再留在目的地游玩几天消除压力。

据旅行网站 Skift 在 2015 年针对国际旅行者进行的调查显示，60% 的国际旅行者表示自己曾经进行过休闲商务旅行，他们一般会在工作出差中加入 2 天左右的休闲度假时间。同时他们还表示，休闲商务旅行是近 5 年才开始的，之前很少有人会如此考虑。一名英国公关人士表示，休闲商务旅行能够缓解工作压力，让他对当地有更好的了解，从而让工作变得更加有效。商务人士最喜欢的休闲项目为景点观光、晚餐体验和艺术文化探索。

休闲商务旅行其实不仅是将休闲元素融入工作出差，那样的话商务人士依旧要忍受无聊的长途飞行。越来越多的商务人士选择在一场休闲商务旅行中带上家人，在工作之余，与家人一起共度假期。全球商务旅行协会盘点世界上承接最多休闲商务旅行者的目的地国家，美国、中国、日本位列前三。如今，商务旅行对商务人士来说，不再只是一次枯燥无味的工作，而是一个寻找快乐的机会。

来源：“Bleisure Travelers：A New Tribe Injects Fun into Business Trips”，CNN，April 19，2016。

编译：汪盈

工 业 旅 游

Industrial Tourism

工业旅游是一种旅游的类型，包括参观仍在运作的工厂或工业遗迹。工业旅游为参观者提供了解产品、产品生产、产品使用和产品历史背景的体验。一百多年前就有机构开始组织工业旅游，比如法国的葡萄酒厂和巧克力厂、希腊和马耳他的蕾丝工厂以及荷兰的奶酪工厂。在世界各国，工业旅游的定义并不十分一致，尤其是在美国，工

业旅游一词有时被用来表示将旅游作为大众消费品的宣发手段。在德国和法国，工业旅游更多的是指参观工业遗迹；在英语国家，通常使用工业旅游和工业遗产旅游二词来做区分；而在日本，工业观光专指参观运转中的工厂。

工业旅游作为一种独特的旅游方式，有着广阔的发展远景。工业旅游有多方面的积极作用：一是使消费者增长了见识，体验了生产制造的乐趣；二是为企业提高知名度，起到了特殊的广告效果；三是提升城市的形象，增加城市收入。工业旅游让城市、企业、游客多方共赢，能带来巨大的社会效益和经济效益。

来源：*Industrial Tourism*：*Opportunities for City and Enterprise*，by Rachel Xiang Feng，Dr Alexander Otgaar，Mr Christian Berger，Professor Leo van den Berg，2010。

生 态 旅 游

Ecotourism

生态旅游一词是由世界自然保护联盟（International Union for Conservation of Nature，IUCN）的生态旅游顾问豪·谢贝洛斯·拉斯喀瑞（H. Cebllos Lascurain）于1983年首次在文章中使用的。拉斯喀

瑞为生态旅游做了两个限定：一是旅游对象是自然生态环境；二是旅游方式是不对自然生态环境造成破坏。

世界自然保护联盟采纳了他修改后的关于生态旅游的定义，即：生态旅游是在自然区域享受欣赏自然和与自然伴生的古今文化遗产，对环境影响很小，有利于促进环境保护，使当地居民积极参与社会经济活动并获益的，对环境负责的旅游活动。

具体来说，生态旅游应该兼具以下六个方面的特点：

1. 游客有环保意识，游客活动对环境影响低；
2. 旅游的目的是感受并欣赏当地文化与生物多样性；
3. 为当地环境保护工作提供支持；
4. 可以使当地居民持续受益；
5. 参与当地决策；
6. 兼具对游客与当地居民的教育功能。

来源：www.ceballos-lascurain.com；www.iucn.org；www.nature.org。

低碳旅游

Low-carbon Tourism

低碳旅游，是指以低能耗、低污染为基础，尽量减少二氧化碳排放的新兴旅游方式。低碳旅游是环保旅游的深层次表现。

低碳旅游是在低碳经济背景下产生的一种新的旅游形式。2009年5月世界经济论坛发布的《走向低碳的旅行及旅游业》报告首次正式提出了“低碳旅游”的概念。该报告根据世界旅游业以及航空、海

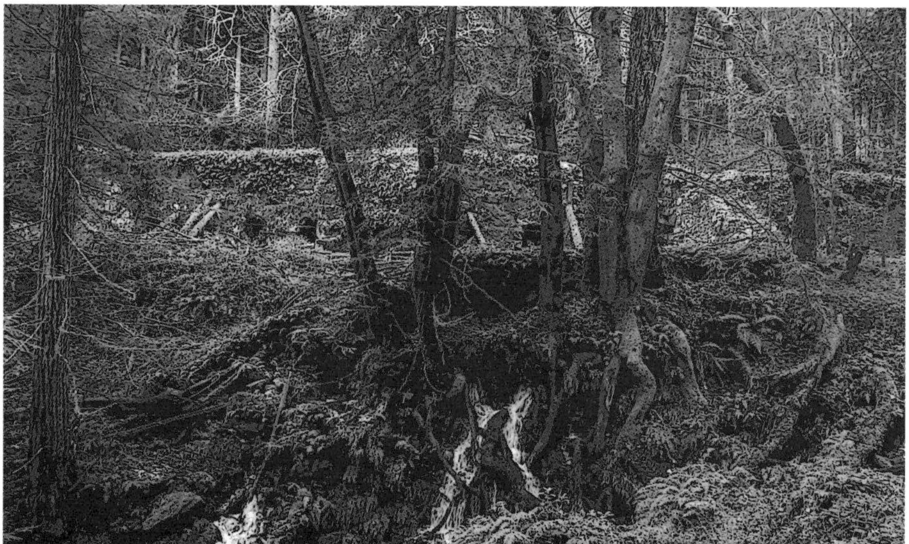

运和陆路运输业的联合调查写成。报告显示，旅游业（包括与旅游业相关的运输业）碳排放占世界总量的5%，其中运输业占2%，旅游业占3%。我国也在2009年12月正式发布《国务院关于加快发展旅游业的意见》，提出“倡导低碳旅游方式”。

顾名思义，“低碳”是指较低或更低的碳排放量。由于旅游业中的交通、住宿和活动均会带来一定量的碳排放，因此可以在交通领域采用替代性能源，减少汽车尾气的碳排放，建设生态停车场，使用燃料电池汽车、纯电动汽车、混合动力汽车等措施；在酒店等设施积极利用新能源新材料，广泛运用节能节水减排技术等；大力发展森林旅游、湿地旅游、徒步旅游、自行车旅游等低碳旅游活动。通过这些举措，旅游发展中的温室气体排放量得到了控制，旅游业所产生的碳足迹也由此降低。

自低碳旅游的概念提出以后，已逐渐深入人心。越来越多的旅游者开始自觉地践行低碳理念，出行时多采用公共交通工具；自驾外出时，尽可能地多采取拼车的方式；在旅游目的地，多采取步行和骑自行车的游玩方式；在旅途中，自带必备生活物品，选择最简约的低碳旅游方式。

来源：“The model of developing low-carbon tourism in the context of leisure economy”，*Energy Procedia*，2011。

编译：侯咏梅

扶 贫 旅 游

Pro-Poor Tourism

20 世纪 90 年代末，英国国际发展局（DFID）提出了扶贫旅游（Pro-Poor Tourism）概念，即有利于贫困人口的旅游。扶贫旅游成为国内外旅游业界和学术界重要的研究内容。

扶贫旅游是一种能够促进减贫的旅游发展方式，是旅游为贫困人口产生的净效益，强调穷人旅游收益必须远远大于他们付出的成本。扶贫旅游的目标包括：(1) 经济利益；(2) 其他生活利益（自然、社会、文化）；(3) 无形的福利。因此，扶贫旅游的目的不仅仅是帮助大多数贫困人口越过贫困线，其目标从单纯的经济收入扩展到一系列生活水平的改善。

扶贫旅游不是一种专门的旅游产品或者利基市场，而是旅游发展和管理的一种方法。它涉及从微观到宏观不同层次的利益相关者，包括政府、企业、社会组织和个体。扶贫旅游旨在提高并改善穷人与旅游业间的关系，推动旅游业在减少贫困方面多做贡献，使得贫困人口能更有效率地参与到旅游（产品）开发之中，并作为旅游（产品）供给方获益。

扶贫旅游强调产生贫困的原因是多方面的。旅游开发为贫困人口提供机会，但实施中应有所倾斜而不是人人均沾。在旅游扶贫实施过程中，关键要通过贫困人口能力培养，改革旅游决策进程，提高贫困人口的参与，确保贫困人口的需求被优先承认。

来源：Ashley C，Roe D，Goodwin H. *Pro-poor Tourism Strategies*：*Making Tourism Work for the Poor* [R]. Nottingham：ODI. 2001。

公 益 旅 游

Voluntourism

公益旅游也称为“义工旅游”，是一种将观光游览和公益活动相结合的旅游形式。公益旅游主张旅游者在旅游过程中承担一些社会责任，帮助目的地改善其卫生、教育、文化状况。游客在前往目的地后不仅在当地观光游览，还要从事一些公益活动。

20 世纪 60 年代至 70 年代，海外志愿服务活动受到欧美国家年轻人的欢迎，联合国也启动了联合国志愿者计划，让年轻的专业技术

人士可以参加到长期（两年以上）的海外项目中。近年来，许多小型慈善机构与发展中国家的非政府组织合作，开展了很多国际志愿服务项目。旅游公司也参与进来，开始提供有偿的志愿服务机会，这也使更多的人有机会参与到公益旅游中来，不过这些公益旅游项目大多是短期的，时间一般在两个星期左右。

根据帮助对象的不同，公益旅游可以分为两种。第一种以帮助人为主，比如到非洲国家帮助贫困儿童读书，到东南亚的海啸灾区帮助进行重建工作以及为一些孤儿、残疾人和失业者提供精神方面的帮助和支持。第二种以自然保育和遗迹保护活动为主，比如到森林公园去捡垃圾、保育野生动物、对历史建筑进行维护保养、学习传承传统文化，等等。

从退休的老人到休假的学生，越来越多的人开始参与到公益旅游之中。为什么公益旅游这么有吸引力？因为旅游者除了能够到这些目的地游览观光外，还能充分地与当地人接触，更深入地了解当地的风土人情。当然，最重要的一点是帮助别人能够为志愿者们带来快乐。有研究表明，志愿服务会对志愿者的健康带来积极影响，他们的寿命往往更长，患抑郁症的可能性也更低。

来源："Voluntourism-Pros，Cons，and Possibilities"，By Susan J. Ellis，*Energizeinc*，February 7，2017. "How Voluntourism Works"，By Debra Ronca，*Howstuffworks*。

编译：任筱楠

医 疗 旅 游

Medical Tourism

医疗旅游又被称为健康旅游、保健旅游、养生旅游等。联合国世界旅游组织（UNWTO）将医疗旅游定义为以医疗护理、康复修养为主题的健康管理和旅游服务。医疗旅游可分为以医疗服务为主的重医疗旅游和以康复疗养为主的轻医疗旅游两类。医疗旅游与医疗诊断、医疗服务关系更加密切。健康旅游更多是指以休闲疗养为主的旅游活

动。随着社会老龄化以及医疗成本的上涨，民众保健意识不断增强，结合健康和观光的医疗旅游正在全球掀起新一轮热潮。据统计，全球医疗旅游市场总体约为 600 亿美元，每年市场消费约为 210 亿美元，年增长率为 20%—30%。

传统上，医疗旅游通常是发展中国家的旅游者到发达国家的医疗中心寻求医疗服务。近年来，随着发展中国家医疗水平的提高，低廉的医疗费用、交通旅游成本和更快更便捷的就诊服务吸引着越来越多的发达国家旅游者来发展中国家就医，使医疗旅游流动模式从单向转为双向。目前国际医疗旅游流向，主要是美国、加拿大、西欧等发达国家的医疗旅游者前往印度、泰国、马来西亚、新加坡等东南亚国家。

2014 年我国出台《国务院关于促进旅游业改革发展的若干意见》，提出要积极推动包括医疗旅游和中医药健康旅游在内的特色旅游发展。目前我国医疗旅游发展主要有两种流向：一是中国人到海外发达国家寻求更优质的医疗服务；二是海外旅游者到中国接受医疗旅游服务，这部分人以海外华人华侨为主。

来源：UNWTO（2013）ETC/UNWTO “Study on Health and Medical Tourism”. Madrid：World Tourism Organisation。

健 康 旅 游

Health Tourism

健康旅游（Health Tourism）是指旅途中的所有环节、经历和居住地点都要有利于保持或者改善身心健康状态的旅游方式。健康旅游的种类包括养生旅游、森林旅游、温泉旅游、医疗旅游等。

世界上最早的健康旅游可以追溯到上千年前，希腊的朝圣者从地中海出发，到萨隆纳海湾名为“Epidauria”的地方寻求治疗。传说

中，这里是医神阿斯科勒匹奥斯（Asklepios）的所在之处。到了18世纪，温泉小镇成为了人们健康旅游的首选目的地。那时的欧洲人相信，温泉水中的矿物质可以帮助他们治疗痛风、肺病、支气管炎等疾病。

欧美国家的健康旅游产业发展最为成熟。奥地利、瑞士、西班牙、葡萄牙、德国等国都将健康旅游业作为国家的重要产业。他们以美丽的风景、富氧的空气、优良的水质和先进的医疗技术为卖点，为人们提供集观光、运动、养生和度假于一体的旅行方式。以德国为例，数据显示，15%的赴德游客，都愿意参与一些健康休闲、修身美体等方面的活动。

近年来，新加坡、泰国、日本、马来西亚等亚洲国家也在积极推出健康旅游产品。如日本，为了吸引外国游客赴日“医疗观光”，放宽了医疗签证的审批条件，该国的高端体检和二次诊疗、医疗美容等项目受到了越来越多中国消费者的欢迎。

随着健康旅游市场规模的大幅增长，国际上对于健康旅游的讨论日益频繁。世界健康组织在南非开展了“健康岛”研究项目，对健康旅游的实践进行深入讨论。联合国世界旅游组织则在《旅游业21世纪议程》中提出，应重视“旅游构建健康生活”的命题，倡导通过健康旅游来减少旅游发展的负面影响，使旅游可持续发展，让人们健康生活。

来源：“History of Medical Tourism”，*Discovermedical tourism*，November 3，2015。

编译：申金鑫

军 事 旅 游

Military Tourism

军事旅游，是指游客前往与军事相关的地点，如战争发生地、军备制造厂、军事指挥中心等进行旅游，或在旅游中从事与军事相关的活动。军事旅游是一种具有明确针对性及专项性的旅游产品，它把人们平时很难了解的军事生活和某些军事设施以及军事文化与旅游结合起来，以满足广大旅游者了解军事、关注军事的好奇心理。

军事旅游利用现有的军营和军事设施以及部分边缘军事领域的改造或再开发，来开展旅游活动。目前，军事旅游主要有这样几个类别：一是以观光游览为主的军事旅游地，包括军事博物馆、古代和现代的军事遗址、军事设施和退役的军事设施等。二是官方或者非官方组织的各类军事旅游活动。另外，以体验为主的真人 CS 和拓展训练等也是军事旅游的重要内容。随着军事旅游业的不断发展，军事旅游也被赋予了越来越多的内容，其中有很多是和红色旅游组合在一起的。

军事旅游为何受到游客青睐呢？神秘、新鲜以及高科技是军事旅游对游客最具吸引力的几大要素。俄罗斯就在 2017 年推出了大量军事旅游项目，来吸引世界各地的游客。参观战争旧址和军事博物馆已经不足以满足军事迷的需求了，俄罗斯还推出了可以让游客亲身参与开坦克、扛真枪的旅游项目。在莫斯州西南方向 60 多公里的阿拉比诺基地，就向游客开放了“坦克试驾”项目。

来源：“Tourism and the military：Pleasure and the War Economy”，*Science Direct*，December 5，2010。

编译：顾欣宜

邮轮旅游

Cruise Tourism

邮轮产业被视为“漂浮在黄金水道上的黄金产业”。国际邮轮协会（Cruise Lines International Association，CLIA）将邮轮旅游定义为：一种以大型豪华游船为载体，以海上巡游为主要形式，以船上活动和

岸上游览为主要内容的高端旅游活动。邮轮旅游既是一种交通方式，又是一个旅游目的地。

目前，世界邮轮船队呈现高度垄断性特征，2014 年，嘉年华与皇家加勒比两大公司占全球运力市场份额高达 69% ；前四大邮轮公司占全球运力市场份额 82.7%。世界最成熟的邮轮旅游目的地包括北美东南部佛罗里达州附近的加勒比、百慕大、巴哈马地区，西海岸北部的阿拉斯加地区；欧洲南部的地中海、北部的波罗的海以及大西洋沿岸及岛屿。

根据欧美发达国家的邮轮旅游发展经验，邮轮旅客选择所在地区母港出发以及选择所在洲区旅游目的地航线的比重相当高。邮轮母港需要相应的国内、国际旅游集散条件，在进行母港布局时，宜以沿海中心城市为重点对象，国际空港是其必备的支撑性设施条件。

来源："Cruise Lines International Association"，http：//www.cruising.org。

游 学 旅 游

Study Tour

游学旅游，在日本也称作修学旅行，是许多国家中小学教学活动中的一环，由教师组织学生走出校园，通过集体旅行、集中食宿，帮助学生走出课堂、亲近自然、了解文化。因其一般伴有“集体食宿”且“目的地较远”的特点，不同于远足及参观学习；又因“一般不会露营户外”，区别于野外活动。

近几年，参与游学旅游的人数明显增长，覆盖的学生年龄层不断拓宽，游学旅游形式也出现了一些变化。除了针对青少年乃至幼儿的海外学习项目，面向大学生群体的海外实习和海外义工项目近年也受到追捧。在这类项目中，学生可以运用自己的专业，体验一些有当地特色的工作，例如进行寺庙修复或社会调研等。

目前看来，“游”大于“学”是此类游学旅游产品常见的问题，游玩时间占比高、学习课程内容粗浅等都是家长不满的原因。此外，由于完善的监管体系尚未建立，有些机构或企业会打着游学旅游的幌子牟取暴利，甚至在海外保险上做手脚，使得参与游学旅游的学生人身安全无法得到保障。

来源：“修学旅行の歴史”，文部科学省、財団法人日本修学旅行協会，平成24年。

“Students Travel to Tanzania for Social Innovation Course”，By Bert Gambini，*University at Buffalo News Center*，July 12，2017。

编译：王雅琨　赵仲

老年旅游

Senior Tourism

老年旅游又称“银发旅游”，以老年人为主体，以自然和人文资源为客体，兼顾医疗保健、休闲度假等功能的旅游形式。

根据世界卫生组织统计，预计到2050年，全球60岁以上人口占比将翻倍，从2000年的11%增至22%，绝对数量将从6.05亿增长到20亿。随着世界人口老龄化趋势加剧，老龄化已经成为世界各国

共同关注的焦点。在大多数国家和地区，60 岁为法定退休年龄，退休后的银发一族收入稳定、时间充裕，日益受旅游市场青睐，老年旅游市场逐渐形成。

老年旅游包含三种类型：

一是养老旅游型。属于老年旅游派生出的一种养老模式，本质是将旅游资源和养老服务相结合的旅游方式，主体将异地旅游作为一种生活状态。养老旅游主要包括以下三种旅游形式：① 康体旅游。是老年人异地参与健身休闲和疗养等活动，以体育强身、疾病治疗等增进身体健康为目的的一种旅游活动形式。② 候鸟式旅游。指老年人由于身体等原因，根据季节选择纬度不同的旅游目的地，寻求适宜的气候，并在目的地停留较长时间的一种旅游方式。③ 养老置换旅游。是老年人利用各地养老机构统一的交换网络，在享受异地养老机构服务的同时感受异地旅游体验的一种旅游养老模式。

二是探亲怀旧型。老年人基于对异地亲友的眷念以及对浓厚历史文化内涵旅游产品的青睐而选择出游的一种旅游方式。

三是观光求异型。多是从老年旅游到旅游养老的一种过渡模式。

来源：UNWTO（2014）“World Tourism Barometer”，Madrid：World Tourism Organisation。

山 地 旅 游

Mountain Tourism

山地资源是人类共有的宝贵财富，山地旅游契合人们崇尚自然、追求健康的愿望，已成为引领全球旅游业潮流的重要力量。据亚太旅游协会（Pacific Asia Travel Association，PATA）统计，日前全世界旅游业当中有 15%—20% 的收入是来自于山地旅游，而山地旅游每年打造的总产值则在 1000 亿—1400 亿美元。

1998 年，联合国世界旅游组织提出，可持续山地旅游是指开发出既能够满足游客需求又能兼顾山地原住民利益的产品，同时还要考虑到山地未来保护与开发的机会，最终对山地的生态、环境和当地社区带来益处。

山地旅游开发应遵循以下基本原则：以保护为前提，遵循开发与保护相结合的原则，重点保护森林生态环境；建设规模必须与游客规模相适应，应充分利用原有设施，进行适度建设，切实注重实效；突出自然野趣和保健等多种功能，因地制宜，形成独特风格和地方特色；统一布局，统筹安排建设项目，做好宏观控制；应符合国家有关专业技术标准和规范规定。

2015 年 10 月 10 日，首届国际山地旅游大会在贵州省黔西南布依族苗族自治州兴义市开幕。大会通过了《国际山地旅游贵州宣言》，指出山地资源的丰富性、多样性为旅游业可持续发展提供了源泉，山地生态的复杂性、脆弱性告诫我们在发展的同时应树立道法自然、尊重自然、与自然和谐共生的生态观，在规划、开发、管理等方面，应把对环境的负面影响降到最低程度，通过各种方式提高山地旅游参与者的环境意识。

来源：UNWTO（1998）“Guide for Local Authorities on Developing Sustainable Tourism”，Madrid：World Tourism Organization。

海岛旅游

Island Tourism

海岛旅游是指以海岛作为核心资源开展的一系列观光、游览、娱乐、休闲和度假等旅游活动。海岛旅游资源丰富，潜力巨大。

世界旅游组织在《小型海岛国家旅游发展报告》中指出，从2000年到2013年，全球小型海岛国家国际游客接待量从2297万人

次增加到4100万人次，旅游收入从260亿美元增加到530亿美元。2014年，超过40%的海岛旅游目的地旅游收入对GDP贡献率超过20%，世界海岛旅游业出口总值达到730亿美元。

全球海岛旅游发展成功有五条经验：完善的发展规划、可持续生态旅游理念、个性化发展特色、积极宣传推广意识、科学的管理体制。可持续海岛旅游必须满足五个条件：合理的动植物保护政策、高质量的海滩环境、安全的旅游环境、健康的生态系统以及良好的海岸管理。

2015年10月13日，在浙江舟山举行的国际海岛旅游大会上，发布了《世界海岛旅游发展报告（2015）》，研究了世界海岛目的地旅游业发展模式，主要概括为五个驱动模式下的十个产业模式。五个驱动模式包括：高端度假驱动模式，如马尔代夫、圣托里尼；邮轮港口驱动模式，如牙买加、开曼群岛；商务娱乐驱动模式，如新加坡、济州岛；绿色生态驱动模式，如帕劳、大堡礁；民俗风情驱动模式，如台湾岛、巴厘岛。十个产业模式则分别是：海岛观光、海岛休闲、水上运动、婚礼蜜月、民俗节庆、家庭亲子、会展会议、主题景区、海岛民宿、休闲船艇。

来源："UNWTO Annual Report (2014)" "UNWTO Annual Report for Small Island States on Developing Tourism"。

国际海岛旅游大会（2015）：《世界海岛旅游发展报告（2015）》。

湿 地 旅 游

Wetlands Tourism

湿地旅游是指以湿地作为资源基础所开展的各种旅游活动，目前较为典型的湿地旅游项目有观鸟、垂钓、摄影、水面活动、科考等。湿地已经成为重要的旅游资源和全球旅游美妙体验的热点。据 1971 年多国签署的《关于特别是作为水禽栖息地的国际重要湿地公约》（又

称《拉姆萨尔公约》）的数据显示，国际重要湿地中至少有35%存在一定程度的旅游观光活动，与湿地相关的旅游业消费每年大约为925亿美元，湿地旅游业产生了巨大的经济价值。

湿地素有“地球之肾”的美誉，它与人类的生存、繁衍、发展息息相关，是自然界最富生物多样性的生态景观和人类最重要的生存环境之一，具有巨大的环境功能和效益，在抵御洪水、调节径流、蓄洪防旱、控制污染、调节气候、控制土壤侵蚀、促淤造陆、美化环境等方面有其他系统不可替代的作用，与森林、海洋一起并称为全球三大生态系统。

湿地旅游是生态旅游的一种旅游模式，具有自然保护、环境教育和社区经济效益等一系列的功能。湿地旅游开发的宗旨是让旅游者在认识湿地、享受湿地的同时提高湿地生态环保意识。湿地旅游的基本原则是，人类与湿地是一种伙伴关系，应该共存共荣协调发展。通过湿地旅游的开发，将湿地作为生态科普与生态旅游的重要载体，建立起湿地保护与旅游开发之间的最佳平衡关系，应成为当前湿地旅游开发的总体指导思想。

为加强对湿地的保护和利用，1971年2月2日，来自18个国家的代表在伊朗南部海滨小城拉姆萨尔签署了《拉姆萨尔公约》。为了纪念这一创举，并提高公众的湿地保护意识，1996年《拉姆萨尔公约》常务委员会第19次会议决定，从1997年起，将每年的2月2日定为世界湿地日。中国于1992年加入《拉姆萨尔公约》。

来源：“Ramsar Convention (1971)”，“Convention on Wetlands of Importance Especially as Waterfowl Habitat”，United Nations Environment Programs。

森林旅游

Forest Tourism

森林旅游是指在林区内依托森林风景资源发生的、以旅游为主要目的的多种形式的活动，这些活动不管是直接利用森林还是间接以森林为背景都可称之为森林旅游（游憩）或森林生态旅游。

美国是森林旅游起步较早的国家，早在 20 世纪 50 年代末，森林

旅游在美国就已经有了相当的规模。《森林多功能利用及永续生产条例》的签署使美国的林业进入了一个新的发展时期，森林资源多种利用的原则支配着美国的森林经营。美国林务局把森林经营划分为五大目标：森林旅游、放牧、木材生产、保护集水区、保护野生动物。美国森林旅游活动的开展，给美国林业带来了巨大的生机，提高了林业的地位。新西兰也是世界上开展森林旅游较早的国家之一，从 1919 年第一任林务局长倡导森林旅游至今已有 91 年的历史。

国际上较为出名的森林公园有美国的优胜美地国家公园、黄石国家公园，英国的加洛韦森林公园，尼泊尔的奇旺森林公园，芬兰的努克西奥森林公园等。森林旅游相关产品类型包括：度假村项目、露营地和私人度假社区等。森林旅游中的私人度假社区一般会与海滩和湖泊相联系，如世界知名的塞舌尔群岛弗雷格特岛度假村（Frégate Island Private）和斐济岛的瓦卡亚俱乐部（The Wakaya Club），依靠着海滩与热带雨林的完美结合，加上特色的森林休闲、水上游乐项目，形成了世界著名的森林旅游私人度假社区。

来源："The Healing Powers of Costa Rica's Forests"，By Mia Taylor，*Travel Pulse*，December 5，2017。

编译：李睿

边 境 旅 游

Border Tourism

边境旅游，是指旅行社招徕、组织、接待本国及毗邻国家的公民通过边境口岸进行的跨越国境的旅游活动，是旅行社国际旅游业务的重要组成部分。

从传统上而言，自人类有旅游活动开始，边境旅游便随之出现了。然而，明确提出边境旅游的概念是在20世纪80年代，并在随后引起了旅游界和学术界的关注。我国的边境旅游始于1988年，辽宁丹东国际旅行社组织了第一批中国公民赴朝鲜新义州“一日游”，边

境旅游从此拉开序幕。我国国家旅游局还在1996年颁布了《边境旅游暂行管理办法》。

与国内旅游和出国旅游相比，边境旅游有着自身的鲜明特点。边境旅游的空间相对有限，必须是位于构成边疆的区域内；由于涉及国家安全和主权，边境旅游具有较高的政治敏感性，所受政策限制较多，对外依存度较高；此外，边境跨国旅游的时间长短通常也受限制，要视与相邻国家边境地区协商的具体情况而定。

边境旅游对于促进边境地区的经济和社会发展、提升当地人民的生活水平、增进相邻国家之间的经贸合作和相互了解都具有重要作用。随着全球化的日益深入，一些国家对相关手续的简化（比如欧盟推出的跨境协作政策），边境旅游呈现出了良好的发展势头。

来源："Satisfaction in border tourism: An analysis with structural equations", *European Research on Management and Business Economics*, March 22, 2017。

编译：侯咏梅

天文旅游

Astro Tourism

天文旅游指的是由天文现象或天文相关话题而引发的旅游活动。

天文旅游黄金时间跨度很广，极光、日全食、流星雨等天文奇观一件接着一件，时间各不相同，游客有充裕的时间来规划他们的天文之旅。如今，越来越多的游客对天空上发生的那些自然现象产生浓厚的兴趣，天文旅游已经开始成为旅游行业里一个不容忽视的新增长趋

势。例如，美国的酒店在2017年8月21日那天的房间已经基本售罄，就因为那天会有日全食；越来越多游客前往冰岛，他们迫不及待地想要目睹极光、极昼、极夜，参加那些与天文有关的星星主题旅游活动。

而天文奇观也促使旅游市场上衍生出一系列与之相关的配套旅游产品与服务。例如，针对美国2017年8月的日全食奇观，市场上出现了像怀俄明州的“2017年天文会议”、俄勒冈州的“太阳盛宴”，甚至是黄石国家公园的“日全食观赏团”和俄勒冈州的“日全食音乐节”等配套旅游活动。

在硬件基础设施的配套上，冰岛赫拉地区的兰加酒店就为客人建设了现场天文台；芬兰小镇撒利塞卡的卡克斯劳太恩酒店则设置了透明玻璃圆顶冰屋，以方便游客观看。

“冰岛是为数不多的几个能清楚看见极光并且也因此成为旅游大热门的地方，”雷克雅未克希尔顿酒店极光观赏台总负责人说道：“我们也看到了天文旅游的潜力，冰岛在这方面拥有得天独厚的优势，每年吸引着百万游客前来。”

此外，即便没有天文奇观，那些与天文领域相关的主题活动也大受游客喜爱，例如希尔顿以“月亮”为灵感来源的沙滩晚餐、旅行公司推出的夜间满月漂流旅行、以纪念“国际黑暗天空运动”为主题的旅游活动等。

来源：“Astro Tourism is Now a Thing”，*Condé Nast Traveler*，February 27，2017。

编译：曾艺

太 空 旅 游

Space Tourism

太空旅游指普通人以休闲娱乐、商业效益而非科研探索为目的，往返于太空的个人行为。随着过去几年投入到太空旅游课题的研究工作不断增加，发展商业化的太空旅游服务已愈发明确地成为商业发展

的现实目标。

真正意义上的太空旅游项目是由俄罗斯联邦航天署最先提出的。美国富商丹尼斯·蒂托（Dennis Tito）首次实现太空轨道旅行，费用高达 2000 万美元。时至今日，太空旅游仍然十分昂贵，加之对身体素质要求较高，使得能够体验太空旅游的人数十分有限。

随着太空旅游行业的出现，看到商机的太空探索科技公司开始对载人航天飞船的建设进行投入。在此领域比较活跃的公司还包括维珍银河公司（Virgin Galactic）、Space X 公司、波音公司（Boeing）、蓝色起源公司（Blue Origin）等。

面对新兴的太空旅游产业，据悉中国也在计划打造可用于太空旅游的航天飞机，以期实现往返于地表与太空的亚轨道自主航行。根据《新科学家》（*New Scientist*）的报告，这次中国建造的航天飞机将有两种机型，使用全自主飞行技术并采用垂直起飞、侧风着陆的起降方式。

中国航天科技集团公司六院前院长谭永华表示："中国目前的运载火箭与飞船技术本身，特别是在可靠性方面，实现'太空旅游'不存在什么问题。最关键的，就是要不断降低航天运输和天地往返系统的成本；而在降低成本的同时，绝不能影响航天运输的可靠性。"

来源："Introduction-What is Space Tourism by Rosemary"，British Council Org.，December 6，2014。

"China Wants to Build a Giant Space Plane for Tourists"，by Will Sabel Courtney，*EIN News*，October 6，2016。

编译：胡百卉

美 酒 旅 行

Wine Tours

美酒旅行，顾名思义，游客们来到葡萄酒庄园，在主人的带领下参观酒庄，了解该地葡萄酒的历史，学习葡萄酒的酿造过程，在种植园中步行或是骑单车，感受此处与其他酒庄的不同，再细细品尝葡萄酒。美酒旅行属于生态旅行的一种，旨在探索自然，与当地人交流，与环境对话。

美酒旅行是一种新的旅行方式，其风潮是由一个个葡萄酒产区逐渐带动起来的。早在1975年，葡萄酒著名产区美国纳帕谷就有类似的旅行。而西班牙加泰罗尼亚产区和美国南加州圣巴巴拉产区则是2000年以后才逐渐兴起了美酒旅行。

每年的11月12日是北美地区的美酒旅行日，从2013年开始，到2017年这已经是第四个美酒纪念日了。当地的葡萄酒庄园、酒店、餐厅以及与美酒相关行业，为此设计准备了许多独特的活动，等待着游客的到来。与此同时，每年的11月13日是欧洲地区的美酒旅行日。格鲁吉亚首届美酒大会也于2017年9月召开。

当然不仅限于北美地区和欧洲地区，在中国美酒旅行也在渐渐兴起，探访中国葡萄酒产地的酒庄，品尝风味独特的葡萄酒，再参观位于同一地的历史景点，成为中国美酒旅行的特殊形式。一位来自美国加州的游客表示："在此之前，我一直不知道中国也有葡萄酒，这让我大开眼界，同时大开味觉！融合了历史、文化和美酒的旅行，让中国成为必去的目的地。"

来 源："What is Ecotourism"，www.ecotourism.org. "Welcome to China Wine Tours"，http：//chinawinetours.com。

探险旅游

Adventure Travel

探险旅游是雇佣专业向导、配备一定的技术支持和设备、进行文化和自然阐释的商业性质的旅行活动，它至少包含下列三要素中的两个要素：体育运动、自然环境和文化沉浸。尽管三要素中有其二即符合探险旅游的定义，但那些包含了全部三要素的旅行，能让游客们从

中获得最完全充分的探险旅游体验。

探险旅游可以在国内也可以跨境进行，像其他旅行活动一样，它通常包括夜宿，但行程持续时间不会超过一年。探险旅游还具有适应性强，能吸引高价值客户，支持当地经济发展，鼓励可持续措施的特点。

探险旅游根据探险活动分为两种主要类型：硬探险和软探险。不论软探险还是硬探险都属于有极高利润的项目。以硬探险项目中的攀登珠峰为例，2015 年登顶珠峰的许可证的价格已经达到了 11 万美元 / 人，再算上交通、装备、机票、向导等其他项目，登顶珠峰的平均总花费已经达到了 48 万美元 / 人。而 2012 年商业探险旅行商提供的软探险的花费是平均 308 美元 / 天，进行平均 8.8 天行程的软探险旅游的平均总花费是 2710 美元 / 人，还不包括机票。

来源："The Global Report on Adventure Tourism", published by the UNWTO and the Adventure Travel Trade Association。

轻探险旅游

Microadventure

轻探险旅游，也被称为软探险旅游，是一种选择灵活、成本较低的新型探险旅游方式。其特点是在短期假期内安排如徒步、骑行、游泳、皮划艇等需要较少培训、经验和装备的低风险活动。轻探险旅游者通常无需或只需进行简单的旅行准备，同时，他们既可以选择独自出行，也可以选择扶老携幼或与朋友、家人同行。

《纽约时报》将轻探险旅游描述为“改变旅行者对于近途、短期旅行的认识，鼓励旅行者们进行诸如在离家不远处的树林中搭建帐篷、在月光中探索城市，或者在后院中举行家庭睡衣派对等活动的旅行方式”。

如今，体验式旅游的发展和愈加健康的生活方式也推动了轻探险旅游市场的发展。在2016年伦敦世界旅游交易会（World Travel Market）发布的《全球旅游发展趋势报告》（*Global Trends Report 2016*）中，轻探险旅游被列为2017年旅游产业的重要发展趋势。许多旅客热衷于惊险刺激的活动，期待在有限的假期时间内获得最为充分的体验，因而选择了轻探险型旅游。同时，研究人员称，航空公司和旅行社也纷纷加入其中，开始提供轻探险旅游套餐服务并将其作为城市传统周末休闲活动的替代品。

来源：“‘Microadventures’ the New Travel Trend”，*Iafrica*，November 10，2016. “The Virtues of Microadventures”，*The New York Times*，March 17，2015. “2016 WTM Global Travel Trend Report”，*Euromonitor International*，November 9，2016。

编译：胡百卉

露营旅游

Camping Tourism

露营是在大自然中进行的户外和度假活动，也被认为是一种廉价的住宿服务形式。

露营的历史始于3000年前军队在战争期间的野营，不过相比如今在精心布置的大篷车内露营，曾经非娱乐性的野营要简单许多。露营被当作娱乐活动的做法开始于20世纪的英国，第一次世界大战后

的休闲露营持续发展，成立了国际露营组织（International Camping Organization），使得更多设施完备的大篷车和露营地不仅在英国建设和发展，还扩展至世界各地。第二次世界大战后的露营活动更加国际化，露营者利用大篷车从一个国家到另一个国家，或者从一个大陆到另一个大陆，露营活动变成了一种旅游活动。

如今，露营旅游的形式和种类更加丰富多样。除了在野外搭建帐篷外，露营者还可以进行徒步、钓鱼、滑雪、潜水、划船、漂流和攀岩等活动。露营地点也更加有组织、正规化，专门设立的营地在为露营者提供旅游体验的同时，还能够保障露营的安全性。露营者可以选择徒步或驾驶车辆到达通常设在山谷、湖畔、海边的露营地点，露营者们可以生篝火、烧烤、野炊或者唱歌。除此之外，露营车、房车、营地拖车等大篷车的发展也越来越现代化，更加注重迎合露营者们的需求。

露营旅游也被赋予教育意义，夏令营、冬令营的露营活动可以让青少年走进大自然，锻炼独立生活的能力。

来源："Camping as a Form of Nature Tourism"，The Seus，September，2013。

编译：胡百卉

背包旅游

Backpacker Tourism

背包旅游（Backpacker Tourism），指旅游者独立或者少数人一起的以背包方式旅行的一种旅游形式。爱好背包旅游的旅游者被称为“背包客”，即那些偏好使用廉价的膳宿设施，注重与他人交流，具有独立而灵活多变的旅行计划，旅行时间较长，重视非正式的、参与性的旅游活动的旅游者，因其往往背着高过头顶的背包而得名。

现代背包旅游源于 17 世纪欧洲的“壮游”。早期背包旅游又被称

为“漫游”，即旅游者在旅游中追求直接的文化接触和新鲜事物，寻求冒险。背包客总体年龄偏低，具有高自主性等特点。这种新型的旅游方式日益成为一种时尚。此外，目前背包客也泛指登山、露营、冒险活动的户外活动参与者。

有研究报告预测，今后，背包旅游将得到更充分的发展，成为一大主流旅行方式。背包旅游的内容将更为多彩，形式也更加多样，各类背包旅游俱乐部不断涌现，成为自助旅游者们的交流场所和精神家园。此外，针对背包旅游者的配套设施和中介服务将有极大发展。背包旅游的发展也反过来推动了线上票务、酒店预订及其他旅游电子商务的突破性进展。随着中国游客自助出境游数量的快速增长，越来越多的中国游客加入了背包旅游一族。

来源：“Advantages And Disadvantages Of Backpacker Tourism”，*UK Essays*，March23，2015。

编译：顾欣宜

文 学 旅 游

Literary Tourism

文学旅游，顾名思义，是指游客到与作家或文学作品相关的城市和景点进行参观游览的旅游形式。

将文学与旅游和文化体验结合起来的做法，并不是近年来才兴起的。很早就有文学旅游。文学旅游的兴起于 19 世纪，人们因为对诗歌和小说的兴趣而探访与之相关的目的地。当时，极具好奇心的游客

们开始探访著名作家的故居、坟墓及其生前经常出没的场所。同时，他们还会寻找著名诗歌和小说中所描写的地点。在那个时候，文学旅游多在英国进行，比如人们前往被称作是“莎士比亚小镇”的斯特拉特福德寻找莎士比亚的足迹，前往艾伯茨福德瞻仰司格特，霍沃思也因勃朗特三姐妹而闻名于世。

跨越文学与文化研究的界限，文学旅游让人们对文学作品的遐想变成现实。参与文学旅游的游客在旅途中将自己沉浸于当地文化，对作家和文学著作的理解也有所深化。如今，为了满足这一部分游客群体的特殊口味，开拓文学旅游这一市场，许多城市开始挖掘自身潜力，设计开发与文学相关的徒步和骑行线路，带游客前往知名作家故居及其作品中所写到的地方参观。比如，在都柏林这样一座出生过众多文学家的城市里，就有不少旅游线路是带领游客跟随詹姆斯·乔伊斯、奥斯卡·王尔德、萧伯纳和叶芝的脚步，探寻这座城市的历史与文化。

比起任何旅行类书籍和指南，文学作品更能引领人们进行一场旅行，文学可以为旅行注入灵魂和主题，让人们对一个景点、一座城市的体验更加深刻和个性化。一些作家会特意在他们的小说中给出信息、埋下伏笔，引导读者前往书中所写城市探访，与作家玩一场游戏。

来源：“What is Literary Tourism”，Wisegeek. “Literary Tourism：Turning Fiction into a Fascinating Travel Guide”，*Independent*，November 13，2016。

编译：汪盈

民 族 旅 游

Ethno Tourism

民族旅游主要在富有文化多样性、拥有丰富人文与自然遗产和独特历史的地方进行，游客通过访问并与当地居民共同生活，探寻当地的生活方式并获得民族文化和习俗的相关知识。相较于一般旅游形式，民族旅游可以探访部落、村庄、文化与自然遗产等，其方式更加丰富，内涵也更广泛，涵盖了文化、人类学等诸多方面。民族旅游的

目的地也很难与其所在地的生态风光相隔离，因此，民族旅游和生态旅游联系密切。

人均收入的增长助推了全球民族旅游业的发展。而通过民族旅游，游客也可以扩大视角，看到不同的新事物，并获得对世界不同地区人们的新认识，增进游客对其他文化和生活方式的理解。游客可以在大自然中放松自己、获得身心的休憩，以便更好地适应未来繁忙的生活节奏，也可以在旅行过程中更好地了解生活的意义。

在塞尔维亚，民族村（Ethno Villages）成为人们逃离城市喧嚣、探寻塞尔维亚历史的全新旅行目的地。这些古朴的村庄通常有着古典乡村的建筑风格，游客可以睡在覆盖着传统塞尔维亚毛毯的木床上，品尝用简单却历史悠久的烹饪方法制作而成的当地美食，倾听经典的塞尔维亚音乐，游客还可以体验那些正逐渐消失的习俗。

在中国，位于贵州省安顺市水塘镇格井村的中洞苗寨被誉为“中国最后的穴居部落”。18 户苗族人家聚居在这个 100 多米宽、200 多米深的洞穴里，过着“现代洞穴人”的生活。为了方便游客游览和当地居民的生活，当地开通了中洞苗寨观光索道缆车。

目前，虽然民族旅游的需求显著增长，但商业化的性质、高昂的旅游成本和游客的安全问题正成为限制其发展的主要因素。

来源：“Ethno Tourism Market Poised for Steady Growth in the Future”，By Vicky Karantzavelou，*Travel Daily News*，Febuary 28，2017。“Ethno Tourism Offers a Window into Traditional Serbia”，*Balkan Insight*，June 26，2016。“Ethno-tourism：China’s Last Cave Man”，*Pop News*，January 27，2017。

编译：胡百卉

原住民旅游

Aboriginal Tourism

原住民旅游是文化旅游的一种形式，目的地的历史、文化遗产、建筑、民间工艺和艺术以及原住民本身是重要的旅游吸引物，它是文化保护和传承保护的重要手段；原住民在旅游中被充分重视并发挥主导作用，在旅游活动中具有广泛的参与性，同时注重原住民自身素质的提高。作为旅游业内新兴的概念，在越来越多游客渴求了解原住民

文化的推动下，美国、加拿大、澳大利亚、新西兰等国旅游业者积极围绕原住民旅游体验开发相关的线路与产品。

加拿大结合游客“体验有趣的文化、参观历史景点以及置身未受污染的美丽大自然”的出行需求，将不列颠哥伦比亚省腹地丰富多彩的原住民文化融入产品设计中。不列颠哥伦比亚省生活着200多个原住民部族，包括因纽特人（Inuit）和梅蒂斯人（Métis），而且每个部族都拥有其独特的语言和传统。游客可以游览这些传统领地，将自己沉浸在全新世界的热情礼遇及精彩探险之中。游客可以围坐在炉火旁，倾听由长者讲述的世代流传的传奇故事，或欣赏原住民按照祖先的方式展示的歌舞表演。游客还可以探索古老的热带雨林，泛舟水道，品尝美味佳肴，体味加拿大最古老的文化。

在澳大利亚，“原住民”一词通常指澳大利亚大陆原住民及其文化。游客可以与经验丰富、知识渊博的原住民向导一起畅游，享受其他游客无法体会的一系列独特而神奇的旅程。某些情况下，原住民向导甚至能带领授权游客进入对外封闭的领域。而他们的深刻见解更是提高了冒险家、文化狂热迷、美食旅行家和自然爱好者的体验水准。

毛利人是新西兰的原住民，一千多年前从神秘的故乡哈瓦基来到这片土地。如今毛利人占新西兰总人口的14%，他们的历史、语言与传统丰富了新西兰的独特个性。在新西兰旅行途中观看毛利文化表演、欣赏毛利视觉艺术等都是不可或缺的体验。游客在行程中可以学上几句常用的毛利语，例如“Kia Ora（你好）”。

来源：“Aboriginal Tourism：A Linear Structural Relations Analysis of Domestic and International Tourist Demand”，C. G. Ryan，Jeremy Huyton，International Journal of Tourism Research 2（1）：15-29. January 2000。

编译：王颖

朝 圣 旅 游

Pilgrim Tourism

朝圣旅游是指人们为了朝拜、传教或是休闲等目的前往宗教圣地的旅游活动。西方有学者认为旅游最早就是起源于宗教信徒的朝圣活动。从中世纪开始，伊斯兰教徒去麦加、麦地那朝圣，基督教徒去耶路撒冷、罗马和圣地亚哥朝圣就成了一种广为流行的旅游活动和宗教现象。

在拥有丰富宗教文化资源的以色列，有着多样化的朝圣旅游线路。在这里，每位游客都可以根据自己的需要定制专属的“圣地之

旅”。在以色列旅游局最新推出的“福音之路”线路中，游客可以沿着历史的路径，跟随着耶稣的脚步，看到《圣经》中所描述的场景，了解基督教起源。

不过，随着时代的发展，朝圣旅游已经不仅仅是教徒和信众的特权，它对于一般的游客来说越来越具有吸引力。游客希望能够欣赏到宗教圣地以及朝圣之路上的历史遗迹和优美的自然风光，并在旅游过程中寻求精神的放松和心灵的洗礼。他们对于文化遗产的兴趣远远多于对宗教本身的兴趣。

“朝圣旅游是一种慢旅行，人们希望借此逃离快节奏的现代生活”，法国独立旅游研究机构 Protourisme 的迪迪埃·阿里诺这样说道。

自 2013 年以来，西班牙圣地亚哥朝圣之路每年都吸引了超过 20 万名游客。“无国界医生”创始人、法兰西学院院士让·克里斯托夫·吕芬也踏上了这条朝圣之路。他还在 2013 年出版了《不朽的远行》，记述了他在 850 公里朝圣旅途上的所闻所感。吕芬曾表示：“这段旅程不关乎宗教虔诚，而是关于忘却，忘却日常生活的束缚、忘却远途的疲惫和坏天气。我得以在旅途中审视自己的内心和自己在社会中的角色，然后精神得以升华。”

来源：“Pilgrim Tourism is Attracting an Increasing Number of Followers”，*Tourism-Review*，May 29，2017。

“Camino de Santiago”，*Wikipedia*。

编译：任筱楠

冥想旅游

Meditation Tourism

冥想旅游，也称为灵修旅游，是将冥想课程和观光旅游结合在一起的旅游形式。

冥想是瑜伽实现入定的一项技法和途径，练习者通过冥想，可以集中精神、放松心灵，最终达到对自我意识更清晰地掌控和内心深处的平静。科学研究表明，放松、专注和保持自我观察的态度有助于改

善人的新陈代谢、心率、呼吸和血压等健康指标。因此，冥想在现代都市中悄然流行起来，有不少瑜伽爱好者前往印度、泰国、斯里兰卡等国家练习冥想，冥想旅游应运而生。

如今，世界很多国家都开设有短期的冥想课程，帮助游客在平和的状态下，发现自己内心的真实感受，与身体来一次深度的对话。

在斯里兰卡，冥想是一种非常流行的活动，特别是在佛教徒中。斯里兰卡全国有很多冥想中心，科伦坡、康提等城市都提供 7 至 15 日的冥想课程。斯里兰卡还有专门提供冥想旅游产品的旅游服务商，这些产品一般都会将冥想课程和观光旅游结合在一起。例如，游客可以在参观过圣城阿奴拉达普勒后，在释迦牟尼成佛的那棵菩提树下面练习冥想。

在印度，冥想和瑜伽已经有两千年的历史。游客可以在这里找到一系列的冥想课程，有些课程提供五星级住宿，有些则只提供最基本的住宿条件。如今，冥想和瑜伽为印度吸引了越来越多的游客，也促进了这里接待设施的现代化发展。

在尼泊尔，很多寺庙对冥想者开放，游客也可以进入寺庙参与到冥想课程中。此外，尼泊尔还有很多风景优美的冥想中心。Dhamma 冥想中心就坐落在尼泊尔首都博卡拉东部郁郁葱葱的森林中。在 Dhamma 参加过课程的学员表示，由于周围宁静的环境，他们在此冥想能够达到更好的效果。

来源：“Now，Meditation Tourism”，By Dorji Tsering Sherpa，*Nepalitimes*，November 3，2011。

“Meditation in Sri Lanka”，Lanka，http：//lanka.com。

编译：任筱楠

红色旅游

Red Tourism

红色旅游又名共产主义之旅，是指中国游客寻找并探访与中国共产党相关的历史景点，重走红色革命之路，回顾中国无产阶级抗争历史的旅游形式。红色旅游起源于中国，从 2005 年起，中国政府开始支持红色旅游的发展，以弘扬中华民族精神，同时带动红色旅游目的

地的经济发展。2010 年 7 月，中国 13 座城市贴上了“红色旅游”标签。这些城市为了进一步发展自身的红色旅游而建立了相互间的战略合作关系，它们是：延安市、广安市、湘潭市、井冈山市、瑞金市、遵义市、百色市、石家庄市、临沂市、安阳市、榆林市、庆阳市、会宁县。

每年，在湖南都会举办红色旅游文化节。而在位于中国东南部省份江西的井冈山，在竹林等幽美的自然景色外，红色旅游已经成为这里最大的亮点。在井冈山，游客可以体验红军当年经历过的艰苦岁月，亲自穿上布料粗糙的衣服，吃糙米饭和南瓜粥，试走山路以感受红军长征跋涉之苦。越来越多的游客来到井冈山体验红色旅游，在 2003 年这里就接待 370 万人次，其中包括 6 万名外国游客。红色旅游的潜力为井冈山打开了旅游市场，吸引众多游客的同时也吸引了许多投资商。

如今，红色旅游已不仅限于中国。一波红色旅游潮正在全球范围内掀起，与共产主义相关的国家和地区纷纷开始发展红色旅游，比如，捷克、俄罗斯等国都推出了红色旅游线路。

来源：“‘Red Tourism’ is Golden for Chinese Economy”，*Spiegel*，March 28，2013。

编译：汪盈

体 育 旅 游

Sports Tourism

体育旅游，指的是在一场脱离日常生活的旅行中，加入体育元素，观看一场体育比赛或是参与体育运动。在全球旅游产业中，体育旅游是一个飞速发展的分支。据美国国家体育委员会（NASC）调查显示，早在2011年体育旅游所创造的产值就已达到76.8亿美元。

体育旅游大体分为两类，重度体育旅游和轻度体育旅游，再具体

还可细分为三种，体育比赛旅游、庆祝与怀旧体育旅游、参与式体育旅游。重度体育旅游（Hard Sports Tourism）是指游客在旅途中观看大型体育比赛，比如奥运会、世界杯、一级方程式赛车、某一国家或地区的体育联赛等；轻度体育旅游（Soft Sports Tourism）是指游客在旅途中体验一些体育项目，比如登山、滑雪等。

体育比赛旅游与重度体育旅游的概念大同小异，是指游客专为观看一场体育比赛而进行的旅游，每四年在世界不同城市举办一次的奥运会和世界杯是最吸引体育旅行者的大型体育比赛。而美国更倾向于举办频率较高的体育赛事，最火爆的当属每年年末在美国不同城市举办的超级碗（Super Bowl）橄榄球比赛。庆祝和怀旧体育旅游则是指游客在旅途中参观当地著名的体育场馆，而参与式体育旅游则是指游客在旅途中参与体育运动。

如今，世界上越来越多的城市看到了体育旅游所富有的商机，认识到体育旅游市场的潜力，相比传统旅游和商业旅游，体育旅游更能在短时间内拉动当地经济发展，这也是许多城市争抢体育赛事举办权的原因之一。

来源："Report on the Sports Travel Industry"，NASC，March，2012。

编译：汪盈

高尔夫旅游

Golf Tour

高尔夫旅游是指高尔夫球运动的爱好者离开自己所居住的城市（国家），前往异地（异国）的高尔夫球场进行打球、度假、参会、交友等活动。高尔夫旅游包括高尔夫风景游、高尔夫南北游、高尔夫猎奇游、高尔夫国际游、高尔夫商务游五种表现形式。

现代高尔夫运动起源于英国苏格兰的圣安德鲁斯，之后在英伦诸岛流行开去，再之后印度也成立了高尔夫球俱乐部，美国也有了高尔夫球协会。时至今日，当海外目的地想吸引游客时，最先考虑的便是在什么地方建设一座高尔夫球场比较合适。因此，英国苏格兰，特别是享有世界“高尔夫球的故乡”美誉的圣安德鲁斯老球场，成为了高尔夫之旅不能错过的目的地之一。圣安德鲁斯老球场不仅因浓郁的苏格兰风情和迷人的海边风景闻名于世，更以世界锦标赛举办地的身份而令全世界高尔夫球迷们神往。

除了常规的以观景、挥杆为主要目的的高尔夫之旅外，一些海外目的地还推出了别具一格的高尔夫旅行体验，比如南非东北部林波波省的传奇高尔夫游猎度假村的“极限第 19 洞”便是如此，游客需要搭乘直升飞机来到高 430 米的山顶悬崖边击球，而球洞则在山脚，因此极限第 19 洞被称为“世界上最难进的洞”。除了英国和南非外，现在展开高尔夫之旅的热门目的地还包括西班牙、丹麦、爱尔兰、加拿大、美国、澳大利亚、新西兰、中国、泰国等。

来源：Forrest L. Richardson (2002)，“Routing the Golf Course：The Art & Science That Forms the Golf Journey”，p.46。John Wiley & Sons Washburn，Dan (6 November 2009)，“Olympics makes China major player”，ESPN，Retrieved 7 November 2009。

编译：赵乾坤

银屏旅游

Screen Tourism

银屏旅游指的是依靠电影、电视剧、综艺节目等银屏产品带动的旅游业。早期的银屏旅游产品以电影主题游为主，近几年这类旅游产品的覆盖面已逐步拓宽为影视拍摄地旅游、影视节事活动地旅游等方面。

20 世纪 90 年代中期，美国、英国及澳大利亚开始研究并推广银

屏旅游。1963年，第一座环球影城主题公园的建成是银屏旅游真正的开端。相比于单纯地感受影视情景的再现，人们在环球影城主题公园还可以了解电影拍摄、制作的过程。近期，一些相对小众的银屏旅游目的地如泰国、巴基斯坦等也开始推广此类线路和产品。

中国的银屏旅游虽然起步较晚，但随着近几年出境自由行的兴起和年轻游客对国外影视产品的关注，参与银屏旅游的游客也越来越多，并且开始从国内游转向出境游，从影视城参观转向影视拍摄地深度游。

随着美剧《权力的游戏》第7季播出，该剧诸多场景的拍摄地成了热门目的地；克罗地亚、冰岛、马耳他等国家和地区都显示出了游客数量明显增长的趋势。2017年是《哈利·波特》问世20周年，英国境内与《哈利·波特》电影有关的景点也吸引了许多粉丝“故地重游”。在中国，大热电视剧《人民的名义》和《三生三世十里桃花》带火了许多地区的旅游业，而旅游类综艺节目《花儿与少年》让许多国外目的地成为年轻人追捧的热点。

然而，尽管银屏产品对旅游业的带动在近几年愈发突出，但银屏旅游依然无法摆脱“热度短、对游客持续吸引能力差”的劣势。

来源：“Pakistan Eager to Introduce ‘Screen Tourism’”, By Sehrish Wasif, *The Express Tribune*, July 20, 2017。

“Game of Thrones Season 7 Leads to Tourist Surge in Croatia, Ireland, Spain”, *Business Standard*, July 18, 2017。

编译：王雅琨

事件旅游

Event Tourism

事件旅游，指以各种事件为核心旅游吸引物的一种特殊旅游形式。它是目的地开发和营销的一种策略，其主要内容包括策划新事件、增强现有事件的旅游吸引力、申办事件活动的举办权。其类型包括以节庆为代表的文化娱乐活动、以大型会议和展览为代表的商贸展览活动、以竞技体育及参与性体育事件为代表的体育休闲活动。

20 世纪 60 年代，事件旅游在国际上开始引起人们的重视和探讨。其中，体育赛事旅游在 20 世纪 90 年代开始平稳发展，并从 2000 年以来不断壮大；19 世纪，会展旅游在英国萌芽，从 20 世纪 70 年代开始被英国政府作为重点产业进行发展。数据显示，自 2003 年以来，世界各地的事件旅游业平均每年以 6.2% 的速度增长，一些地区的增长速度甚至达到了 20%。

举办事件活动的主要目的是吸引游客、刺激游客重游，带动旅游业，进而促进整个区域经济的发展。尽管事件活动持续时间很短，但其影响可能会延续几年甚至几十年，具有显著的经济效益、积极的政治影响以及广阔的发展机遇。

事件旅游是一种新型的业态，涵盖事件旅游规划、管理、设计、影响、运营以及风险控制。事件旅游既要对事件进行系统规划、开发和营销，还要对新闻媒介和不良事件的管理作出规划。另一方面，事件旅游要对事件市场进行细分，包括分析和确定什么人将进行事件旅行、哪些人可能会被吸引前来参与事件旅行。随着 2008 年北京奥运会、2010 年上海世博会的成功举办，我国对于事件旅游的认识也在逐步深入。

来源："Event tourism：Definition，evolution，and research"，Donald Getz，*Tourism Management*，July 31，2007。

"The Event Industry And Event Management Tourism Essay"，*Ukessays*，March 23，2015。

编译：申金鑫

超本地化旅游

Hyperlocal Tourism

超本地化是指一个非常具体的区域，比如住宅、单位或者当前所处位置的周围一定距离内的范围。超本地化意味着信息面向一个定向的社区并以这一范围内受到关注的内容作为焦点。

超本地化的内容包括两个主要方面：空间和时间。地理范围和时

间维度可以测量消费者认知的价值取向和相关性。超本地化内容既是针对某一界限清晰范围内的人或统一群体，同时也被这一群体所消耗。

超本地化这一术语在20世纪80年代后期在新闻界中开始被使用，用于着重描述一个非常具体的局部区域。随着新闻形式的不断变化和网络媒体的迅速发展，现在已经开始渗入更多的行业当中。

对于旅游业而言，超本地化旅游也可以被形容为深度旅游，是一种新型的旅行方式。通过超本地化旅游，可以超越观光游玩的浅层表面，获得更加深刻的人文和特色体验。研究表明，当问及游客如何形容他们理想中的假期时，多数人使用“真实”、“有发现”和“休闲”这些词汇。

人们普遍认为，超本地化旅游是欣赏当地的特色、特性和细节，欣赏那些使一个地方变得独一无二、与众不同的事物。如今，越来越多的游客追求的不再是游览那些被列出的景点、获得护照上的印章或者拍摄美景并在网络上发布照片，而是那些难忘的旅行经历和体验。

超本地化旅游活动的需求正在上升，无论是攀山越岭、穿越沙漠，还是扬帆航行、阳光海滩，游客们希望获得一种真实的特色体验。事实上，还有大量的旅行者正在寻找一些另类、冷门的地方，去获得当地真实生活的独特体验。

来源：“Demand for Hyperlocal Tourism on the Rise in Oman：Ithraa official”，*Times of Oman*，September 18，2016。

编译：汪盈

大 学 城 游

University Town Tour

大学城游，顾名思义，是指游客到大学城内的校园和景点进行参观游览的旅游活动。大学城率先出现在英美等一些高等教育发达的国家，如今已成为家庭游客出境旅途上不可错过的目的地。

大学在发展的过程中，规模逐步扩大，有的大学聚集在一起，使得大学周边地区或大学校园本身成为具有一定规模的城镇，比如德国的柏林洪堡地区和海德堡、瑞典的乌普萨拉等，人们把这种高等院校的集聚之地称为“大学城”。大学城的生成方式主要有两种：一种是经悠长历史自然生成，如美国的波士顿，英国的牛津、剑桥等；另一种是由当地主动构建，如美国的夏洛茨威尔、州学院等。

当下，特别是在前往欧美的一些旅游产品里，经常会出现大学城的目的地，以让游客感受这里浓郁的文化气息，或为将来游学而考察当地情况。美国的大学城发展迅速，美国的一流名校大多数都处在传统大学城（如安阿伯、兰辛、州学院等）或大城市中的大学城区（如波士顿、费城、洛杉矶大学城区）；而欧洲的大学城一般都以拥有古老大学为荣，那些大学城不仅是教育和文化中心，有时也会因为其巨大的社会和文化影响力而成为政治中心。

游客在大学城里可以体验的项目颇多，以美国的大学城为例，它被誉为“美国守护最好的秘密”和“美国独特的度假胜地”，美国大学城的特色包括：“你可以在大学城里遇到戏剧、艺术展览、音乐会或电影放映会。”“大学城里总刮着一股轻松的探索之风，它将当地的夜生活和娱乐活动都集中在一个地域。”“所有的大学城都有大量的餐饮场所，为你提供高性价比的酒水和餐食。”“在许多大学城里，体育似乎和学术一样重要，而看一场大学比赛可能会成为你在大学城获得的最佳体验。”“由于年轻学生数量众多，大学城所在地也被认为是自由和创造性思维的孤岛。”相较美国的大学城，欧洲的大学城似要“年长”不少。有充裕时间游历伦敦的人，总免不了要亲临牛津、剑桥，感受古老学院气氛，而近期，比利时古老的大学城鲁汶也成为国人越来越喜欢的目的地。鲁汶大学占据了古镇许多广场和街道，历史悠久的建筑式样左右了鲁汶众多广场和街道的风格。大学里 58000 名学生已成为这个城市的独特风景，几百年来一直如此。而瑞典的隆德则是一座既传统又年轻的中世纪大学城，在这里，来自世界各地的学生与他们那些特立独行的观点、知识以及创意碰撞交汇，铸就了世界百强隆德大学与隆德"思想之城"的盛名。在隆德千年历史的古城中心，隆德大教堂、隆德大学主楼、隆德艺术厅以及隆德许许多多的博物馆与那生机勃勃的市政厅广场、商街、百货大楼、咖啡馆及餐厅一起共生辉煌。

来源："Fraternity Row，the Student Ghetto，and the Faculty Enclave：Characteristic Residential Districts in the American College Town"，Blake Gumprech，*Journal of Urban History*，January 2006。

编译：赵乾坤

黑暗旅游

Dark Tourism

黑暗旅游，又名黑色旅游，是指游客探访曾经发生过死亡或悲剧的目的地的旅游。相比目的地本身，曾经在此地发生过的历史故事和意义更加重要，如果不谈历史，单是目的地本身则不能构成一场“黑暗旅游”。

人们从很早以前就有参观与死亡相关历史遗迹的传统，比如参观罗马的圆形竞技场，古代处决犯人的断头台，探秘地下陵墓等，然而对此的学术研究却是从近年才开始的。旅行作家首先描绘了他们对于死亡之地的探访，美国作家 P.J. O’Rourke 曾将其于1988年前往华沙、马那瓜和贝尔法斯特的旅行称为“地狱之旅”。

英国中央兰开夏大学开设的黑暗旅游研究所（The Institute for Dark Tourism Research），是世界领先的黑暗旅游研究、教学中心。其试图以社会学的角度，加深对黑暗旅游的解读，解读人们在旅行中探访死亡、灾难和悲剧发生地的意义。黑暗旅游研究所汇聚国际伦理学和社会学专家，致力于探索黑暗旅游和黑暗遗产，盘点黑暗旅游目的地、展览等，并分析游客在黑暗旅游中获得的体验感，目前已经研究整理出版了一系列黑暗旅游相关书籍。

距离我国较近的东南亚就存在不少黑暗旅游目的地。比如位于柬埔寨首都金边的万人冢，堆积着超过 8000 个人头骨；在泰国有一座名叫 Ban Nam Khem 的村镇，在 2004 年海啸中几乎全部覆灭，只生还了两名渔民，至今留在这里守护纪念着因灾难而死去的 6000 多名村民……

来源：Institute For Dark Tourism Research（Idtr），Uclan。

“Dark Tourism：5 Southeast Asia Destinations”，CNN，July 10，2014。

全包价旅游

All-Inclusive Tour

“一价全包”是指一些奢华酒店、邮轮、旅行机构等提供的一种旅游服务模式，顾客只需付费一次即可享受整个旅程中的全部服务。“一价全包”式服务一般都包含四个元素：选取最好的食材制作出超乎顾客期待的全天候美食、在餐厅吧台提供大品牌的精品酒水饮料、沙滩上泳池边无处不在的管家式服务和包括潜水、划船在内的丰富的

趣味活动。

此种服务模式起源于20世纪30年代，当时伦敦的犹太中产阶级创立了一种"野营俱乐部"，他们在城市周边找了一些大农场，一到周末，这些"野营俱乐部"就提供全天的美食、饮料和娱乐，顾客只需支付一个固定费用。

到了1950年，比利时的奥运水球冠军格拉德·伯利兹在西班牙马洛卡岛创建了第一家地中海俱乐部（Club Med）度假村，提供"一价全包"式服务，随后"一价全包"成为Club Med的一个标志。到了80年代初邮轮公司纷纷复制Club Med的运营理念，将"一价全包"引入邮轮市场。

"一价全包"在商业模式上取得重大成功是在20世纪70年代，加勒比岛国牙买加兴建起了大批的酒店，这些酒店都采用"一价全包"式经营模式，"一价全包"成了牙买加吸引游客的一块金字招牌。随着牙买加的成功，"一价全包"迅速扩展到整个加勒比。目前，加勒比地区是世界上最大的"一价全包"服务集聚地，加勒比海岸遍布"一价全包"式度假村。墨西哥著名的旅游胜地里维埃拉·玛雅就是这样一处世界闻名的目的地。

来源："The Evolution of the All-Inclusive Concept"，By Valeria Bigurra Penavera，Mexico News Network，March 2，2016。

编译：蔡玉民

观光农业

Tourism Agriculture

观光农业也称旅游农业。是一种以农业和农村为载体的新型生态旅游业。近年来，伴随全球农业的产业化发展，人们发现，现代农业不仅具有生产性功能，还具有改善生态环境质量，为人们提供观光、

休闲、度假的生活性功能。随着人们收入的增加，闲暇时间的增多，生活节奏的加快，人们渴望多样化的旅游方式，尤其希望能在典型的农村环境中放松自己。于是，农业与旅游业边缘交叉的新型产业——观光农业应运而生。

20 世纪 90 年代，我国农业观光旅游在大中城市迅速兴起。观光农业作为新兴的行业，既能促进传统农业向现代农业转型，解决农业发展的部分问题，也能提供大量的就业机会，还能够带动农村教育、卫生、交通的发展，改变农村面貌，为解决我国“三农”问题提供了新的思路。因此，观光农业这一新型产业获得了快速的发展。

观光农业在国外已有较长的发展历史，它在欧洲以“乡村旅游”的形式出现可以追溯到 19 世纪中期。20 世纪 30 年代，欧洲的观光农业有了较大发展，并逐步扩展到美洲、亚洲等部分国家。20 世纪 70 年代，观光农业随着社会经济的发展取得了迅速发展。从萌芽发展到成熟阶段，国外已先后出现了农业观光园区、度假农场、家庭农园、农业公园、乡村民俗博物馆等多种农业观光类型。

来源：“Tourirsm-agricultural linages：Boosting inputs from local farmers”，http：//odi.org.uk。

编译：李霏霏

直升机之旅

Helicopter Tour

直升机之旅，顾名思义，就是指乘坐直升机观光的旅游行程及旅游项目。乘坐直升机旅行，游客可以从高空俯瞰景色，获得不同视角的美景，有些直升机旅行项目甚至还可以让游客亲自体验驾驶直升机，拥有独一无二的旅行体验，因此这种旅行方式大受游客欢迎。

在加拿大魁北克，游客乘坐直升机不仅可以从高空中俯瞰亚伯拉

罕平原和魁北克城墙，还可以看到魁北克市的芳堤娜城堡。美国大峡谷是世界七大自然奇观之一，游客乘坐直升机可以充分地欣赏到大峡谷的粗犷和壮丽。在跨越加拿大和美国边境线的尼亚加拉大瀑布，游客可以乘直升机在空中俯瞰，耳边被震耳欲聋的水声环绕，十分刺激。另外，在澳大利亚，乘坐直升机从"上帝视角"欣赏大堡礁也是游览大堡礁的最佳方式。绵延2000多公里、世界最大的活体珊瑚礁群，迷人的海岸线，宝石般的岛屿，银色沙滩及蓝色海洋……这一切都可以坐在直升机上尽收眼底。

不少国家的直升机旅行产业已经发展得非常成熟了。美国有5000多架固定翼和旋翼机从事航空旅游，年平均载客达到200万人次，收入约40亿美元。随着越来越多的国家和地区开放了低空民用航空许可，直升机旅游未来将会迎来更加快速的发展。不过，安全问题是直升机之旅发展过程中必须规范和重视的问题。

来源："10 Amazing Helicopter Tours"，*NBC News*，July 5，2017。

编译：顾欣宜

火 车 度 假

Train Vacations

如今，火车度假已经成为人们旅行时的一个新选择。乘坐火车出行，不仅在很多地区可以更快地到达目的地，节约旅行时间；同时，游客也可以放缓旅行的脚步，不再是简单地往返两地之间，而是能欣赏到更多的沿途风景。

在美国，美国铁路公司不仅提供州际的交通运输，同时也提供超

过 30 种国内旅行线路，比较常见的包括从芝加哥到新奥尔良的火车线路，该线路将美食与爵士乐有机地结合在一起。不仅如此，除了美国，世界上许多国家与地区也将火车与度假紧密连接在一起。

加拿大太平洋至五大湖的线路是世界上最著名的火车旅行线路之一，游客可以一路乘坐火车观赏加拿大宏伟壮丽的自然风光。列车途经的铁路线也是加拿大一百多年来逐步向西发展扩大的路线图。沿途不仅可以 360 度全方位欣赏落基山的日出和大草原的日落，也可以欣赏到加拿大特色的冰川湖泊、原生态的森林和瀑布峡谷。同时，列车上也不乏现代化的舒适服务。行程中，游客若兴致使然也可以在途中下车，到某些景点进行游览。

事实上，近年来南非的火车度假也愈发流行。列车途经狩猎保护区、酒庄、历史古迹和开阔的乡村，为游客创造出非比寻常的旅行体验。

火车度假不仅为游客增添了一个独特的视角，也使单调的行程变得更加自由和轻松。为了给乘客提供更舒适的旅行体验，火车的内部设施也在逐渐改善。电源插座、USB 端口和免费 Wi-Fi 已是当下欧洲大部分列车的标准配置。不仅如此，苏格兰还首先尝试在豪华列车上开设水疗馆。

来源："Train Vacations：Getting Out of Go-Go-Go Mode"，By Lisa Iannucci，*Travel Pulse*，February 10，2017。

"Among the World's Most Famous Train Journeys"，*Canada Keep Exploring*. "Luxury Train Travel South Africa"，*African Travel Gateway*。

编译：胡百卉

宅 度 假

Staycation

宅度假是指人们放弃长途旅行，选择在家中或酒店里休息，或是参加附近的一些休闲娱乐活动。宅度假的常规活动包括：参观当地的公园和博物馆，参加当地的节庆活动，短途徒步，或是在家里修剪花草、整理房屋，享受和家人在一起的时光。

"Staycation"一词最早于2005年12月出现在加拿大的喜剧片《加油站趣事》(Corner Gas)中。2007年至2010年的金融危机期间，宅度假开始在美国流行。2008年，美国很多城市的旅游局开始向当地居民宣传宅度假的概念，以弥补外地游客减少带来的损失。2009年，英镑下跌、海外度假花费的增多让宅度假在英国也流行起来。宅度假的热度提振了当时英国的国内旅游市场，人们对于露营这类廉价休闲方式的需求变得十分旺盛。宅度假让人们节省了旅馆、饭店、机票、汽油等费用，也省去了做攻略、设计行程等劳心费力的前期工作。不过，很多选择宅度假的人依然会设定好假期开始和结束的日期，做好假期的规划以创造出传统假期的氛围。

近年来，宅度假已经不仅仅是一种意在省钱的休闲方式了。随着人们个性化旅游需求的增加，越来越多的酒店和度假村顺应潮流趋势，用宅度假的概念吸引周边游客前来度假。有些酒店为小朋友们准备好了娱乐设施，还有一些酒店允许客人带宠物入住，并为家庭游客提供有针对性的活动项目，以吸引他们前来享受高品质的休闲时光。也有越来越多的年轻人愿意选择在酒店房间中看看风景，与亲朋好友约个下午茶或是做个SPA，让平日忙碌的自己得到充分的放松。此外，很多酒店也鼓励这些前来宅度假的人们充分利用酒店周边的设施开展活动，如去打场高尔夫或是去周边的景点徒步。

来源："Staycation", *Wikipedia*. "The Rise of the Staycation: More Brits Holidaying at Home", By Lauren Davidson, *Telegraph*, February 7, 2015。"7 Steps to Planning a Staycation", By Stephanie Huston, *Huffington Post*, October 2, 2016。

编译：任筱楠

国 家 公 园

National Park

国家公园指面积巨大、由国家划定建立、并通过立法形式对其内部的自然资源和生态进化进行保护的特殊自然保护区。既有保护或恢复自然综合体的作用，又兼有园林性的经营与管理功能，是国家为合

理保护和利用自然、文化遗产而设立的大规模的陆地或海洋保护区。

国家公园的概念源自美国，由美国艺术家卡特林首先提出，之后被全世界许多国家所使用，尽管各自的确切含义不尽相同，但基本理念都是指自然保护区的一种形式。

1974 年世界自然保护联盟认定的国家公园标准为：第一，面积不小于 1000 公顷的范围内，具有优美景观的特殊生态或特殊地形，有国家代表性，且未经人类开采、聚居或开发建设的地区。第二，为长期保护自然原野景观、原生动植物、特殊生态体系而设置保护区的地区。第三，由国家最高权力机构采取步骤，限制开发工业区、商业区及聚居区，并禁止伐林、采矿、设电厂、农耕、放牧、狩猎等行为，同时有效执行对于生态、自然景观维护的地区。第四，维护目前的自然状态，仅准许游客在特别情况下进入一定范围，以作为现代及未来世代科学、教育、游憩、启智资产的地区。

1872 年，美国国会批准建立了世界上第一个国家公园——黄石国家公园。自此，国家公园在世界各国迅速发展，在 200 多个国家和地区已建立了近 10000 个国家公园。

随着时间的推移，国家公园的旅游业也在不断发展。以哥斯达黎加为例，从 1985 年到 1999 年间，到公园旅游的游客人数增加了 400%。如今，在很多游客心里，"国家公园"已成为与自然旅游相关的特殊词汇，它象征着"拥有精心设计的旅游基础设施的高质量的自然环境"。

来源："The 10 Oldest National Parks In The World"，*The Culture Trip*，December 21, 2017。

编译：赵乾坤

主 题 公 园

Theme Park

主题公园是指集娱乐项目、娱乐设施和一系列吸引人的活动于一体的游乐园区。作为旅游景点和狂欢节举办地，主题公园能够承载大

量的游客。区别于普通的城市公园和游乐场，主题公园针对某一或某些主题内容，更为丰富并面向全年龄层。主题公园中包括景观、建筑、游乐设施等都是围绕某一角色或故事而设计。

世界上第一座主题公园名叫圣诞老人乐园，位于美国印第安纳州圣诞老人小镇，这座主题公园被称作是美国的圣诞故乡，它只对外开放到 1946 年。而迪士尼首次将多个主题故事和经典角色会聚在一起，常被人们误以为是世界上第一座主题公园，但不可否认的是，迪士尼将其新想法传递给世界，对主题公园的发展有着很大的影响。

据统计，2015 年世界最具人气的 25 座主题公园共接待了 2.35 亿游客，人气最高的是位于美国佛罗里达州的奥兰多迪士尼，紧随其后的是美国加州迪士尼和日本东京迪士尼，位于中国丽江的宋城丽江浪漫公园成为黑马，闯入世界主题公园前 25 位。

来源："World's Most Popular Theme Parks"，CNN，May 26，2016。

编译：汪盈

海 洋 公 园

Ocean Park

海洋公园（Ocean Park）指以海洋为主题，集海洋生物研究与展示、环境教育、海洋科普、海洋文化传播等多功能于一体的休闲娱乐空间场所，是满足人们认识海洋、了解海洋的旅游需求的重要载体。

国外海洋公园有以下特点：(1) 建在人口密集区域周边，形成公园集群，客流有效转化；(2) 多样化的产品组合（动物 + 刺激游乐设

施+亲子项目)，拓宽目标客群；(3）引入强IP支撑主题公园发展；(4）收入来源过于集中；(5）政策风险较大。

目前，以美国、澳大利亚为代表的西方沿海发达国家海洋环境保护意识较强，对海洋保护的力度远高于发展中国家，其国家海洋公园的发展较为成熟。在亚洲，日本、韩国及东南亚各国也相继建立了多个以海洋生态环境保护为目的、兼顾海洋资源适度利用的国家（海洋）海滨公园，极大地促进了当地海洋景观和自然资源的保护，推动了生态旅游业的发展。

刘庆余等通过对69家国内海洋主题公园的考察分析，将国内海洋主题公园的发展划分为三个时期：(1）萌芽时期（20世纪80年代中期以前)，这一时期的水族馆是博物馆式的，以海洋水产研究机构为主；(2）扩张时期（20世纪90年代)，海洋公园建设速度快、数量多，主题内容更加丰富，放养鱼类的品种增多，增加了海洋动物的表演内容，注重珍稀水族的饲养、观赏和研究等；(3）转型创新时期(2000年至今)，海洋公园的功能分区已比较明显，注重游客体验，游憩活动方式多样化，娱乐活动日渐丰富。

来源："Ocean Park visitor numbers slip on wet weather，new rules for mainland tourists"，*SCMP*，December 4，2014。

"Attractions & Encounters，Manila Ocean Park"，August 10，2016。

编译：李霏霏

旅 游 区

Tourism Zone

旅游区是由在自然、历史、文化或其他方面密切相关的旅游地点组成的区域。旅游区旨在通过强化内部旅游景点之间的合作，提高景点的吸引力。一般来说，为了实现旅游区的保护、开发和经营管理，使其发挥多种功能和作用，需要借助旅游区规划进行统筹部署。

事实上，作为促进旅游发展的方式之一，上至国家下至村镇皆可通过打造旅游区的方式推进当地的经济和旅游业发展。在美国弗吉尼

亚州成文法中，法律授权弗吉尼亚州管辖的地区依法建立一个或多个旅游区，以使对当地旅游企业的监管更具灵活性。美国弗吉尼亚州法姆维尔镇（Farmville）的资料显示，其建立旅游区的目的是通过培育旅游区内符合条件的旅游企业，来促进当地旅游业的发展，这将有助于吸引游客、创造新的就业机会和教育机会，同时也将增加法姆维尔镇的旅游相关收入。

除了美国，印度也在积极进行旅游区建设的探索。印度财政部部长阿伦·贾特里（Arun Jaitley）提议创建5个旅游区，财政部将考虑提议建设文化遗产旅游区和荒野旅游区。印度旅游部的生态旅游发展部门也将提出旨在促进探险运动、水上运动和徒步旅行的生态旅游区建设计划，该计划预计耗资8亿卢比。作为计划的一部分，环保车辆和更实用的野生动物道路也将在旅游区内得到推广。此外，印度旅游部还表示，除了生态旅游区外，滨海旅游区也需要得到关注。

来源："State to Promote Heritage，Wilderness As Part of India's 5 Tourism Zones"，*Deccan Herald*，February 2，2017。

编译：胡百卉

风 景 道

Scenic Byway

风景道有广义和狭义之分。广义的风景道是指兼具交通运输和景观欣赏双重功能的通道；狭义的风景道则专指拥有自然风景和文化保存价值的景观道路，包括风景公路、绿道、公园道、遗产廊道和文化线路等。

美国在 1930 年建设蓝岭风景道时首次提出了风景道的概念。

1995年，美国提出了保护和促进风景道发展的官方推广计划——国家风景道计划（National Scenic Byway Program），建立了由泛美风景道、国家风景道和州际风景道三级风景道构成的美国国家风景道体系（American National Scenic Byways）。绿道、公园道、历史廊道等各类风景道都可以通过申请，按照国家风景道计划制订的标准，经过官方认定后，成为国家风景道体系中的一员。成熟完善的风景道是道路规划、景观设计、环境与文化遗产保护、旅游游憩的有机结合。美国风景道在城市建设、环境保护和带动地方经济发展等方面发挥了重要作用，因而受到了政府、投资商、旅游者和社区居民的重视和青睐。

伊春小兴安岭风景道是我国第一条经过规划的森林自驾车风景道。近年来，随着"旅游+"、"交通+"、"生态+"等产业的融合发展，促进道路建设与生态环境、文化遗产、旅游游憩、产业扶贫的深度融合成为时代趋势。而风景道，因其所具有的交通、景观、游憩、生态、保护等复合功能，所遵循的可持续发展原则，顺应了时代发展的迫切需求，获得了迅速发展。

来源："America's Byways"，http：//www.fhwa.dot.gov。

余青：《风景道研究和规划实践综述》，《地理研究》2007年6月。

编译：任筱楠

房车旅馆

RV Hotel

房车旅馆指一种可迁移的住宿设施。房车指的是带轮子的活动房，它可由汽车拖着到处流动，又称旅居房车，在国外简称RV。房车旅馆源于中东地区供商队居住的活动旅馆。

房车一般分为两大类：移动式房车和拖挂式房车。现代房车是具

有自主动力，集运输、临时旅行住宿、娱乐为一体的汽车。房车旅馆具有如下特点：(1) 房车内一般提供基本设施。设有2到4个床位，并且配有电炉、炊具、餐具、冰箱及供水、淋浴等设施，客人可以自己做饭。(2) 流动性强。这些房车旅馆设在旅游区，可以根据季节或客流的变化随时转移。(3) 价格偏低。由于成本低、管理费用低，因此房车旅馆的收费相对较少。现代房车旅馆在环境、硬件设施和软件服务方面都得到极大的提升。

来源：MEDLIK S. *Dictionary of travel*，*tourism and hospitality*，Butterworth-Heinemann Ltd.，1993。

编译：徐玲珏

时尚精品旅舍

Poshtel

时尚精品旅舍，顾名思义，是将豪华时髦（posh）与青年旅舍（hostel）结合而成的全新住宿方式，是介于星级酒店与廉价旅舍之间的又一住宿选项。Poshtel 这个词汇被造出后就成了旅游圈的热门话题。凭借堪比酒店的颇具创意感的设计和舒适便利的设施以及旅舍所拥有的人情味，时尚精品旅舍吸引了众多追求时尚、喜欢独特氛围的

住客。

2015年的世界旅游交易会（World Travel Market）上，时尚精品旅舍被认定为旅游业的一个新趋势。旅游业内专家表示，在分享经济时代，Airbnb成为酒店业内一家独大的"搅局者"，而时尚精品旅舍或许会成为Airbnb的有力竞争对手。

时尚精品旅舍不只为背包客而存在，时髦精致的装潢与其拥有的社交性是它的亮点所在。保留了青年旅舍"分享房间"的租住模式，一个房间大约有4至8个床位可供出租，每个房间内带有一个独立卫浴套间，住客们可以通过预订网站互换社交账号提前认识对方。摆脱了廉价旅舍拥挤、脏乱、廉价的标签，时尚精品旅舍提供给住客温馨的住宿环境、完备的生活设施，除了良好的睡眠条件外，也为旅行增添了不少乐趣。

时尚精品旅舍有不少是由青年旅舍华丽转身而来，如今时尚精品旅舍已经从欧洲一路"火"到了美国。除了提供住宿外，时尚精品旅舍也成了当地的一个社交平台，文艺圈内有不少人选择在时尚精品旅舍开办沙龙和派对，使时尚精品旅舍成为多个社交圈子的交会地。

来源："They Aren't Just for Backpackers". "Poshtels' Boast Chic Decor and the Chance to be Social", *The Washington Post*, December 19, 2016。

编译：汪盈

服务式公寓

Serviced Apartment

服务式公寓指为中长期商住客人提供的完整、独立、具有自助式服务功能的住宿设施，其公寓客房由一个或多个卧室组成，并带有独立的起居室以及装备齐全的厨房和就餐区域。服务式公寓的本质是酒店性质的物业，但却将酒店设施与家庭特色融合为一体，并提供低于酒店价格的中长期住宿服务。由于普通的酒店不会提供洗衣机、厨具

等居家必备的电器，因此居家特色是服务式公寓与酒店的最大区别之一。

服务式公寓最早源于欧洲，是当时旅游区租给旅客供其临时休息的物业，由专门管理公司统一管理，既有酒店的性质，又有相当于个人的“临时住宅”。1976 年第一批真正意义上的时权酒店在法国阿尔卑斯山脉地区兴起，并很快在欧洲其他地区流行，这是服务式公寓的雏形。

服务式公寓真正发扬光大则是在纽约。纽约作为国际大都市拥有巨大的人流量，也拥有很多商机，许多外来商务人士必须长期住在这些城市，但是由于买房负担太重，而酒店价钱比较贵而且没有家的感觉，所以很多人选择住在服务式公寓。因此，服务式公寓就这样于 1980 年在纽约应运而生，并且成为一种潮流，也成为纽约大量开发商的主打项目。

服务式公寓具有如下特点：强调拥有良好居家氛围的居住功能，并且也会提供商务办公功能，如会议室、会客间等；提供类似于小型儿童乐园等为带孩子的顾客提供贴心服务；服务式公寓是一种长期居所（相对于酒店而言），不需要大量的服务人员一对一地进行服务，但服务标准上与酒店相同；相对于酒店而言，服务式公寓具有一定的价格优势。服务式公寓的典型客户群包括因工作调动需在所在地解决临时过渡住所的公司高级职员、中短期逗留及追求住家环境的休闲度假者和商旅人士等。

来源：“What is a Serviced Apartment?”，Association of Serviced Apartment Providers。

编译：徐玲珏

低成本航空公司

Low-cost Airline

低成本航空公司，亦称廉价航空公司，简称“廉航”，指的是通过取消一些传统航空乘客服务，将营运成本控制得比一般航空公司低，从而可以长期大量提供便宜票价的航空公司。

全球首家低成本航空公司是美国西南航空，于 1967 年成立，

1971年正式营运。随着美国在1978年放松航空管制，不少从业者模仿西南航空的模式，诸如达美快运航空、联合穿梭航空等低成本航空公司。直到20世纪90年代，随着欧洲开始对民航业放松管制，瑞安航空、易捷航空等欧洲低成本航空公司如雨后春笋般出现。低成本航空理念由此在欧洲得以发扬光大。与此同时，低成本航空公司也开始在亚洲和大洋洲出现。低成本航空公司的理念在我国落地生根相对较晚，我国最早的低成本航空公司是春秋航空。春秋航空于2005年实现首航。

低成本航空公司通常专注于票价敏感的市场，多数为休闲旅客；提供短途航线，一般仅来往区域性机场或二线机场；一般只提供一种客舱等级；只提供有限度的乘客服务，并对部分服务收费（例如机上餐饮服务、托运行李）；机票通常不能改期、转名或退票。然而，就准点率而言，低成本航空公司与一般传统航空公司并无太大差异。由于票价便宜，低成本航空公司在竞争激烈的航空市场上站稳了脚跟。现如今，美国几乎有1/3的航班是由低成本航空公司运营的，这一比例与欧洲类似。

近年来，欧洲低成本航空公司的运营方式出现了向一般航空公司靠拢的趋势，开始提供一些此前不曾提供的乘客服务，以吸引商务旅客。为了与之竞争，一些传统的航空公司纷纷成立了自己的低成本航空子公司，或者被迫降低机票价格。

来源："Why are flights so much cheaper in Europe than in the U.S.?", *The Washington Post*, October 12, 2017。

编译：侯咏梅

旅 游 包 机

Inclusive Tour Charter

旅游包机是指旅游组织者在预定时间内包用单程或往返旅程的飞机。旅游包机可在民航固定行线上或非固定行线上飞行，一般是旅游旺季时用来补充固定航班运力不足而开通的一种临时旅游交通方式，或是在未设固定航班的城市之间开通的一种航空交通形式。

有业内人士指出，目前各大旅行社参与旅游包机的形式大致分为三种：第一种是旅行社通过与包机商合作，独家承包某个航空公司的整架航班；第二种是几家旅行社联合承包某个航空公司的一架航班，以降低运营风险；第三种是旅行社采取“切位”的形式从经销商处获得部分机位。这三种形式，第一种和第二种风险系数相对较高，投入也最大。

与定期航班相比，旅游包机凭借着省时又省钱的绝对优势赢得了广阔的市场空间。随着出境旅游的不断升温，旅游包机市场在不断发酵。从各大旅行社所推的包机产品的品类来看：目前包机市场上所售卖的产品多以休闲度假的海岛为主，如塞班、普吉、巴厘岛、长滩、关岛、塞舌尔、大溪地；也有日本、韩国、柬埔寨、新加坡等热门旅游地；同时覆盖欧洲等国。各大旅行社包机频次和线路不断增加，旅游包机大大刺激了旅行社对于单一目的地的产品研发，旅行社获得机位后，会根据不同的消费群体设计出各种类型的旅游产品。当然，这其中的运营风险也是不容忽视的，旅行社需要向航空公司缴纳全部的包机费用，一旦上座率得不到保障，旅行社就要承担全部风险。包机也会存在航班临时变更与调整的情况，具有不确定性。

来源：“Demand models for inclusive tour charter：the Norwegian case”，By Finn Jorgensen and Gisle Solvoll，*Pergamon*。

编译：李霏霏

城市观光车

City Sightseeing Bus

城市观光车，顾名思义，是指在城市内观光旅游过程中使用的游览车。

城市观光车种类繁多，一般可分为旅游观光车、山地观光车、电

动小公交、老爷车（贵宾游览车）等。目前从全球范围来看，使用范围最广的城市观光车要数双层巴士（Double-decker Tour Bus）。双层巴士的载客车厢由上下两层组成。为了使乘客能够更好地观光，有些双层巴士的上层甚至是露天或半露天的。双层巴士起源于英国，它第一次驶入伦敦是在 1954 年。由于它运力较大、视野较好，而且价格低廉，除了成为当地人的重要交通工具之外，很快受到了游客的青睐。标志性的红色巴士已经成为了伦敦的象征。

现如今，以双层巴士为代表的城市观光车遍布全球各地。这些城市观光车通常会按固定的路线行驶，会经停所在城市最有人气的景点和主要的地标性建筑，大多可以选择随上随下（Hop on Hop off），有的还会给游客预留拍照留念的时间。车票的选择通常很多样，一般会有可在 24 小时甚至数天内多次使用的通票。在整个观光过程中，这些观光车通常都会播放录音讲解，有的观光车上还会配备导游。

来 源："City Passes and Hop On Hop Off Bus：Two factors that form quality holiday on low budget!" *TG Daily*，December 7，2017。

编译：侯咏梅

免 税 店

Duty-free Shop

免税店是指经相关部门的严格审批，向规定的对象销售免征进口税的名牌产品和土特产品的企业。免税店根据其所处的场所可以划分为口岸店、市内店、交通工具上的免税店三大类。其中与旅游购物关系密切的是机场店、机上店、市内店及边境店。虽然免税店销售的商

品免除了关税和部分其他税种，但是这并不意味着免税店的商品一定会有价格优势，来自不同免税渠道的同种商品可能有很大差价，此外如果该地区的免税店是由一家企业垄断的，那么免税商品的价格优势可能会更加不明显。

世界上的第一家免税店于 1947 年诞生在爱尔兰香农机场，至今这家免税店还在开放营业。最初很多往返欧洲和北美的航班需要在这个机场补充燃料，爱尔兰人布兰登·奥勒根便抓住了这个机会，为这些航班的旅客开设了免税店。这家免税店大受欢迎，这种模式也开始在世界各地的机场复制。

随着时代的发展，免税店不再仅存于机场和口岸，城市的中心也开始有了免税店。例如，在日本，停留时间不超过 6 个月的游客都可以在位于城市商业区的免税店购买免税商品。东京秋叶原的免税店已经成为各国游客的重要目的地。在泰国，游客可以在王权（King Power）连锁商店选择好想要的免税商品并提前支付，然后离境时在机场提货。如今，邮轮及航空公司也往往会在船上或机上开展免税品的销售。

来源："Duty-Free Shopping：A Beginner's Guide"，*turbotax*，June 22，2012。

编译：任筱楠

旅游元搜索

Travel Metasearch

元搜索引擎又称多搜索引擎，是指通过一个统一的简单的用户界面帮助用户在多个搜索引擎中选择和利用合适的结果。像 Kayak、Skyscanner、Trivago 等旅游元搜索网站，一直以来为用户提供服务并

取得了长久的成功。而旅游界日新月异，如今出现的智能元搜索比如 Amazon Echo、Google Now and Siri 等给了用户新的选择。那些非常重视线上销售的旅游公司和传统的旅游元搜索网站都需要考虑未来的发展。

尽管旅游元搜索网站拥有大量的用户群体，然而由于手机 APP 等搜索方式的多元化，越来越多的航空公司、酒店和旅游产品供应商在考虑更为丰富的推广方式。提供住宿搜索和预订服务的 Airbnb 向来是媒体的关注点所在，而它也面临着如何扩大用户群的挑战。同时，酒店一直以来推荐客户使用其官网进行房间的预定，但只要预订方法不够简明方便，就会在这场竞争中败下阵来。现在，就连图片社交 APP Instagram 都推出了图片地图功能，用户可以为自己的图片加上话题，在互相分享图片的同时，加强其搜索功能。

来源："The Future of Travel Metasearch"，*Skift*，September 9，2016。

内 部 营 销

Internal Marketing

内部营销是指成功地雇佣、训练和尽可能激励员工很好地为顾客服务的工作。内部营销通过向内部人员提供良好服务，加强内部人员互动，推动组织成员协同开展外部营销。内部营销和外部营销是企业营销的两面，一般而言，内部营销可以确保组织中的所有成员尤其是高层管理人员坚持适当的营销准则。和外部营销相比，内部营销同样

重要，有时甚至比外部营销更重要。组织成员做好提供优质服务的准备是向顾客作出承诺的先决条件。

传统意义上的营销者扮演着中间人的角色，负责理解消费者的需要，并将消费者的意见传达给各个职能部门。但是在网络型企业中，每一个职能部门都可以直接与消费者互动。营销者丧失了与消费者互动的独有权，因此必须整合所有面向消费者的业务流程，使组织各部门在与消费者互动时，传递出统一形象和理念。

内部营销的实质是，在成功达到外部市场目标前，必须有效运作组织和成员间的内部交换，使成员认同组织的价值观，使组织为其成员服务。只有当所有的成员都意识到他们的工作是创造、服务和满足消费者时，组织才会变成一个有效的营销者。营销不再是某个部门或某个个人的责任，而是整个组织内达成的共识。

来源：*Marketing Management Global Edition*，14/E，by Philip T. Kotler and Kevin Lane Keller。

互 动 营 销

Interactive Marketing

互动营销是指企业在营销过程中充分考虑消费者的意见和建议，用于产品的规划和设计，为企业市场运作服务。其实质就是充分考虑消费者的实际需求，优化产品设计，进一步扩大需求总量。

作为营销的一种演变趋势，互动营销能够促进相互学习、相互启发、彼此改进，尤其是通过“换位思考”带来全新的观察问题的视

角，将营销从促成交易导向的活动变成一种对话交流。约翰·戴腾（John Deighton）评论互动营销具有“能说服个人、收集、记忆个人反应，并对其进行再次说服”的特点。

完整的互动营销需要具备以下组成部分：目标客户的精准定位，完备的客户信息数据，促进客户的重复购买，有效的支撑关联销售，建立长期的客户忠诚，能实现顾客利益的最大化。

目前主要的互动营销方式有付费搜索广告、手机短信营销、网络广告营销、博客、即时聊天工具和电子邮件市场营销等，主要借助互联网技术实现营销人员和目标客户之间的互动。

来源：*The Future of Interactive Marketing*，by Deighton，J. A.，Harvard Business Review74，no.6。

软 品 牌

Softbrand

与传统的连锁酒店品牌不同，软品牌是一个较新的酒店集合或联盟概念。联盟中每间单体酒店在加入各大酒店集团的同时能够保持独立个性，受到了不少人的欢迎。如今，越来越多的酒店集团都推出了软品牌，这已然成为酒店业发展的重要趋势之一。

“软品牌”与“硬品牌”的最大区别就在于个性化。对于硬品牌

来说，必须要遵循品牌手册规定的标准，如果达不到的往往就会被淘汰。而软品牌虽然也有品牌标准，却都是大纲式的，它更希望旗下酒店都有自己的个性。

万豪国际酒店集团旗下的豪华精选品牌是全球成立最早的酒店"软品牌"，1906年建立于欧洲。它是一系列可提供独特地道体验、为旅客留下珍贵难忘回忆的精选酒店，也是"软品牌"中知名度、影响力甚至酒店质量都最高的一个。在万豪品牌序列里属于"独特奢华"（Distinctive Luxury），目前全球共有开业或即将开业的豪华精选品牌酒店124家，其中中国有9家。

第一批出现的软品牌酒店倾向于更多地关注豪华和高档酒店类别，比如精选国际酒店集团的Ascend Collection、万豪国际酒店集团的Autograph Collection以及希尔顿酒店集团的Curio Collection。然而，如今酒店公司越发着眼于在中档市场推出新的软品牌，比如希尔顿最新的软品牌Tapestry Collection以及温德姆酒店集团的第一个软品牌Trademark Hotel Collection等。

不同集团的软品牌推出的定位亦千差万别，它们的目标都是整合市场上的众多单体酒店，让它们可以找到归属感和大集团的品牌依靠。同时，这些酒店除了针对品牌手册的少量调整（也可能涉及部分的翻新等工程），可以用最快的速度加入到软品牌中去，使单体酒店利益最大化。

来源："Soft Brand Launches and the Threat to Luxury Hotel Collections"，*Skift*，November 7，2017。

编译：徐玲珏

世界厕所日

World Toilet Day

2001 年 11 月 19 日，来自 30 多个国家和地区的 500 多名代表在新加坡举行了第一届厕所峰会，使一直难登大雅之堂的厕所问题受到全世界的关注，世界厕所组织也于同日成立。为提高国际社会对健康问题的关注，在非政府组织、私营企业、民间社会组织和国际社会的积极参与下，世界厕所组织决定推动设立世界厕所日。

在2013年7月24日举办的第67届联大全体会议上，在世界厕所组织和新加坡政府的倡导下，由新加坡、印度尼西亚、中国、俄罗斯等近100个国家共同提出的提案，获得了联大全体成员的一致赞同。联合国193个会员国一致通过决议，将每年的11月19日设立为"世界厕所日"（World Toilet Day），以推动人人享有环境卫生、实现可持续发展的共同愿景。

联大在决议中指出，根据联合国儿童基金会和世界卫生组织2012年发布的一份最新报告，全球目前仍有25亿人缺乏厕所等基本环境卫生服务，联大就此对提供基本环境卫生服务的进展缓慢且不足深感关注。

决议敦促所有会员国、联合国系统各组织和所有其他利益攸关方鼓励改变行为，同时制定政策，扩大穷人获得环境卫生的机会，呼吁杜绝对公共卫生极为有害的随地大小便行为，并鼓励其从更广阔的视角处理环境卫生问题，包括提倡个人卫生，提供基本环境卫生服务，建立排污系统以及在水资源综合管理框架内开展废水处理和回用。

决议还邀请各国、联合国机构、民间社会在"世界厕所日"举办教育和宣传活动，以推动实现可持续的环境卫生。

来源："World Toilet Day"，World Toilet Organization；A/67/L.75，"Sanitation for All"，United Nations。

可持续旅游发展国际年

International Year of Sustainable Tourism for Development

2015年12月22日联合国第81次全体会议审议通过 A/RES/70/193 号决议，将 2017 年确定为可持续旅游发展国际年。决议认为“国际旅游，特别是设置可持续旅游发展国际年具有重要意义。旅游能增进

2017
INTERNATIONAL YEAR
OF SUSTAINABLE TOURISM
FOR DEVELOPMENT

各地人民之间的了解，提高对各文明丰富遗产的认知和对不同文化的内在价值的尊重，从而促进世界和平。"

将2017年确定为可持续旅游发展国际年的决议遵循了联合国可持续发展大会（里约+20）上全球各国领导人达成的共识，将以"精心设计和良好管理的旅游"促进可持续发展的三大领域，创造就业并促进贸易往来。

联合国世界旅游组织秘书长塔勒布·瑞法依表示，"将2017年定义为可持续旅游发展国际年是一个难得的机会来提高旅游业在经济、社会和环境三大支柱方面的贡献度，同时提高对这一经常被低估的产业真实体量的认识。"瑞法依认为，"作为联合国组织的领导者做出这个首创的决议，联合国世界旅游组织非常期待能够与政府和相关联合国系统组织以及其他的国际组织、相关组织和所有其他利益相关者一起推动国际年的组织和实施。"

为响应联合国决议，丰富2017可持续旅游发展国际年内容，中国国家旅游局从2016年起推出旅游促进可持续发展十大举措：举办首届世界旅游发展大会、推出促进绿色旅游发展行动方案、推出公共服务和目的地建设行动方案、推出旅游信息化行动方案、推出旅游产业促进行动方案、推出旅游促进创业创新行动方案、推出乡村旅游和旅游扶贫行动方案、推出旅游市场秩序治理行动方案、推出文明旅游促进行动方案、推出旅游人才队伍建设行动方案。

来源："United Nations declares 2017 as the International Year of Sustainable Tourism for Development"，UNWTO Press Release，December 7，2015。

"Resolution adopted by the General Assembly on 22 December 2015"，A/RES/70/193，UN，February 9，2016。

编译：陈罡

碳排放交易

Carbon Emissions Trading

碳排放交易是一种以市场为基础的控制污染的方法。与仅仅依靠惩罚的环保管理手段不同，碳排放交易通过建立可买卖的污染许可，

尝试通过增加利益因素鼓励更好的表现。

碳排放交易发展于20世纪七八十年代，1990年为应对酸雨引入美国。最近为应对导致气候变化的温室气体排放，碳排放交易作为一种有效手段开始繁荣发展。

碳排放交易的主要方式被称为"封顶交易"，设置排放上限，同时对超过上限的部分创建配额。对交易系统涵盖的企业或其他主体，每排放一吨二氧化碳当量污染气体需要取得一个配额。允许配额买卖相当于给了污染一个市场价格，使如何减排以及在哪里减排具有了灵活性。

这个理论为污染设定上限，同时让市场决定如何不超限，十分适合减少碳排放。碳排放来自几乎所有经济活动，进入大气后对全球造成影响。市场能保证减排成本最低，而排放上限可以逐年逐步减少。

支持者认为这一方式比碳税等其他方式更好，因为碳税等方式不保证任何减排目标。然而反对者也指出碳排放交易的一些问题，如对设定上限约束力不足、对最大污染者发放免费配额以及购买"抵消"（从未加入"封顶交易"系统的发展中国家购买配额）等问题。

碳排放交易是《京都议定书》的核心内容，通过清洁发展机制（CDM）实现。碳排放交易也是欧盟的基础政策，欧盟的碳排放交易系统（ETS）是目前全球规模最大的碳排放交易系统。

来源："What is emissions trading"，*The Guardian*，July 5，2011。

旅　游　税

Tourist Tax

旅游税顾名思义是指旅游目的地国家向来访的外国旅游者所征收的税金；同时，也指国家在正常税收之外向旅游企业征收的旅游管理费。

旅游税是一种典型的间接税收，虽然国家有关部门是向旅行社、航空公司、酒店等旅游企业征收该项税款，实际上纳税人是享受服务

的消费者。当旅行者飞抵某一国家时，按照当地政策的要求，需要缴纳一定金额的入境税或是过境税，在购买返程航班时也许还要缴纳离境税，税款很多时候包含在机票费用中一并交给航空公司。

由于当地政策各异，不同国家的旅游税可以说是千奇百怪。比如，在爱尔兰曾经有这样一项税款，从距离都柏林机场 300 公里以内的地方飞来的航班，每位乘客需要缴纳 2 欧元的税款；从 300 公里以外的地方飞来的航班，每位乘客需要缴纳 10 欧元的税款。该项税收已于 2014 年废止。再比如在瑞士，只要留宿就需要缴纳税款，这项税收不只针对外国旅行者，同时包括在瑞士旅游的瑞士人，瑞士人来到一座自己非永久居留的城镇，就需要缴纳留宿税。留宿税的多少由当地政府决定，按照不同的住宿模式，所需缴纳的税款有高有低，住在酒店和度假屋中需要缴纳较高的税款，住在集体宿舍或是选择露营所需缴纳的税款则较少。旅游者在最终退房时，将税款连同房费一并交给酒店前台或房东。

如今，许多国家和地区为促进当地旅游业发展，提出多种旅游税减免政策，希望能够吸引更多的外国旅游者前往当地旅游。

来源："Tourist Tax in Switzerland"，*Myswissalps*。

编译：汪盈

旅 游 保 险

Travel Insurance

旅游保险是指一种涵盖医疗费用、旅行取消、行李丢失、航空事故等一系列可能在旅途中发生的突发事故的保险。无论是旅行临时取消却无法退订的酒店，还是由于误机必须支付的费用，抑或是在国外旅行时的医疗费用，旅游保险可以帮你将这些突发事故所带来的损失降到最小。

游客在挑选旅游保险时有多种选择，你可以为某一次的旅行投保，也可以投保一段时间内的所有旅行。某些旅游保险还会着重医疗费用方面。

旅游保险在商旅人士、家庭、大学生等需要避免潜在大额费用的旅游者群体中相对热门。有效的功能和划算的价格使得旅游保险成为近年来最具人气的一种保险。尤其在出境游中，旅游保险最为必要，它对于任何年龄和职业的旅行者来说，都是有效控制旅费的一种手段。无论是独自出行，还是与家人或是朋友组成小团体出游，总能找到一种适合的旅游保险。

近 50 年来，旅游保险开始变得流行和普及，而实际上旅游保险已经有超过 150 年的历史了。美国人吉姆斯·巴特森于 1864 年创建了世界上第一家旅游保险公司，那时旅游保险只面向上层社会与上层中产阶层。巴特森所设计的旅游保险包含避免游客在旅途中财产被盗等突发风险的内容。进入 20 世纪，健康类保险内容被加入旅游保险中来，航空公司、酒店方面也变成了旅游保险中的一部分。尤其是在飞机成为最普遍的旅游交通工具之后，旅游保险对于商旅人士和出境游游客显得尤为重要。

而互联网则是旅游保险发展史中重要的影响因素。如今，需要投保的游客可以通过网络查询和比对各类旅游保险，从中选择最为适合自己的一款产品。可以说，互联网使得投保游客的选择更多，同时压低了旅游保险的平均价格。预计在未来十年，旅游保险的范围将继续扩大，投保游客可以更为便捷地通过网络筛选和购买旅游保险，同时也购买一份旅途中的安心。

来源："History of Travel Insurance"，Travel Insurance。

编译：汪盈

旅 游 大 使

Tourism Ambassador

旅游大使，又称旅游形象代言人，是指代表特定区域的旅游和文化形象、帮助推广当地旅游业的公众人物。

旅游大使不仅是旅游目的地的形象代表，有时还会对目的地旅游业的发展起到关键性作用。大约 14 年前，当时澳大利亚经济较为萎靡，国际及国内游客都在持续减少，澳大利亚旅游局却借助“旅游大

使"打出了漂亮的翻身仗。

当时电影《鳄鱼邓迪》风靡世界，这一系列影片展示出了澳大利亚古老原始的丛林风光和纯朴迷人的土著文化，而影片的核心人物邓迪，则以其机智、纯朴、幽默、勇敢、坚强、开朗的新大陆拓荒者形象受到了诸多影迷的喜爱和追捧。澳洲旅游局借机发力，找来了扮演邓迪的著名影星保罗·霍根，作为澳大利亚旅游形象代言人，在美国、日本和欧洲国家的各类媒体上对澳大利亚进行推销。这波营销活动取得了很好的效果，短短数年间，来自欧、美、日的游客数量就达到了创纪录的水平。

近年来，除了选用本国较有影响的明星作为旅游大使以外，越来越多的旅游局开始选用营销目的地颇具影响力的人物担任旅游大使。2016年，新西兰旅游局便聘请了澳大利亚影星梅根·盖尔作为其旅游大使与骑行大使，在澳大利亚推广新西兰旅游和自行车道。新西兰旅游局局长安德鲁·弗雷泽表示："我们曾与著名的真人秀主持人菲尔·基奥汉以及中国影星黄磊进行过合作，事实证明他们通过流行文化尤其是社交媒体带来的影响力是巨大的。"

而随着中国蝉联全球出境游人次的世界冠军，中国正成为诸多国家的旅游局不能忽视的重点市场。很多国家的旅游局纷纷聘请中国的当红明星担任其旅游大使。2016年4月，瑞士国家旅游局宣布演员黄轩出任其旅游形象代言人。他们认为黄轩可以将瑞士自然、纯净、亲和的形象传递给更多中国游客。

英国旅游局也宣布聘请知名演员胡歌担任"友好大使"，希望借助胡歌的影响力来拓展中国出境游市场。英国旅游局市场总监蒋骆宾说道："他将在未来的日子里帮助我们一同推广英国的文化和旅游。胡歌将分享他自己在英国的独特趣闻，鼓励更多中国游客跟随他的脚步前往英国各地体验。"

来源："Tourism New Zealand Announces Megan Gale As New Ambassador"，*Tourism Newzealand*，February 2，2016。

"The True Meaning of Being A Tourism Ambassador"，By Yefta Andrea，*Medium*，September 3，2016。

编译：任筱楠

数 字 游 民

Digital Nomads

数字游民是指那些无需固定的办公场所，在远程运用现代科技手段（无线网络、智能设备、即时通信软件）完成工作的人。数字游民的工作地点是不固定的，可能是咖啡厅，也可能是公共图书馆、共享办公场所，甚至是露营地里的房车。

近年来，经济全球化、信息技术、廉价航空、共享经济的不断发展都促使数字游民这个群体不断增大。2015 年盖洛普发布的民意测验显示，在美国，有 37% 的工作者宣称自己在远程工作，这一比例在 10 年前还只有 9%。而 DNX 公司的报告显示，到 2035 年，全球

数字游民的人数预计将超过 10 亿人。

数字游民选择的是一种全新的生活方式，他们往往会不断旅行。在旅行中，他们还会继续为客户或雇主工作。只要有便携式的笔记本电脑以及无线网络，无论在哪里，数字游民都能开展自己的工作。对于很多数字游民来说，在工作的同时还能环游世界，体验各地不同的文化，这种充满挑战的生活是极富吸引力的。不过，数字游民们还需要面对各种各样的现实问题：了解不同国家的法律和政策；有时还需要获取目的地国家的工作签证；寻找到有高速无线网络的咖啡厅；与斤斤计较的爱彼迎（Airbnb）房东交涉房屋问题；平衡好工作和休闲的关系；等等。

随着数字游民的增多，一些公司开始在热门的目的地为他们开设专门的共享工作和生活空间。Roam 公司就在迈阿密、巴厘岛、马德里、伦敦等地为数字游民开设了专属空间。这些空间一般都设有公共活动区、工作室、会议室，提供高速的无线网络，还会开展一些活动和课程。在外漂泊的数字游民可以在这里找到一定的归属感。数字游民共享空间的价格也往往比酒店或共享住宿更为便宜。

数字游民偏爱清迈、巴厘岛这些消费水平较低的目的地，然而其他目的地显然注意到了这种趋势，他们也想要吸引数字游民来访。哥本哈根官方旅游组织“精彩哥本哈根”的发展总监西格尼就表示：“当这些具有较高职业技能的数字游民在当地长期逗留时，他们不仅仅促进旅游业的发展，还会吸引更多商务活动或是带来更多的创新。”

来　源：“Digital nomad”，*Wikipedia*，“The Digital Nomad Life：Combining Work and Travel”，By Tanya Mohn，*The New York Times*，April 3，2017。

“What It Takes to Be A Digital Nomad，From A Startup That Creates Them”，By Celinne Da Costa，*Forbes*，January 23，2017。

编译：任筱楠

乞讨背包客

Beg-Packer

通常，乞讨者是因为生病或是贫穷才上街乞讨。不过，目前，在亚洲不少热门旅游城市，出现了很多“另类”的乞讨者——乞讨背包

客。这些来自西方的青壮年，他们身体健全，却坐在人来人往的街头上乞讨。他们行乞，不是因为人生遇到困境需要帮助，而是希望路人能为他们提供继续在亚洲旅行的资金。在东南亚，西方背包客这样的行为可谓由来已久。很多西方背包客在东南亚地区长期旅行，没钱了就在街上乞讨卖艺。

2016 年，来自新加坡的梅萨拉·阿布·萨马赫（Maisarah Abu Samah）在推特上发布了两张“乞讨背包客”的照片，她说道：“这是我第一次碰到这样的情况。在新加坡，你很少会看到有人在街头卖艺或是行乞，因为政府对这些活动有严格的规定。此外，既然他们有钱买单反相机和音乐器材，为什么会没有钱来旅行呢？这种行为实在是很奇怪，有些人是因为食不果腹或是负债累累才不得已上街乞讨，并不是为了获得一种奢侈品。”而旅游明显不是一种生活必需品。

在梅萨拉推特的评论里，很多人也表示不解，他们认为：为什么来自发达国家的人要在第三世界国家乞讨，很多东南亚国家的经济水平还是很低的，人们为了生计不停奔波，为什么要去资助这些有手有脚、来自发达国家的人去旅行呢？这种行为是相当可耻的，因为他们在世界上最穷困的地区行乞以继续他们的旅行！

路易莎是马来西亚一名研究政治经济学的学生，她认为这样的行为表明了东西方文化的不平等。“他们仍然在用传统的眼光看待亚洲，认为这里是一片充满冒险和异域风情的神秘之地，是白人的游乐场。他们把到亚洲旅行看作一次自我发现的经历。有时我会想要问他们，为什么你觉着在亚洲做这样的事情就是合适的，你会在自己国家这样做吗？可悲的是，由于不少亚洲国家曾经是西方国家的殖民地，这里还充满了殖民色彩，人们潜意识里会认为白人是高人一等的，当他们看到白人在乞讨时会更加宽容和友善。这样的自卑心理也让这里的旅游业有些病态，温和善意的有色人种似乎唯一的目标就是服务好来他们国家旅行的白人。”

来源："Shameless Rise of the 'Beg-Packers'：Astonishing Phenomenon of Western Backpackers who Beg for Money to Fund Their Travelling as They Journey Through Some of the World's Poorest Regions"，By Chris Pleasance，*Daily Mail*，April 12，2017。

"'Beg-packers'：White Tourists who Beg in Southeast Asia"，By Sarra Grira，*France 24*，April 10，2017。

"Western 'Beg-Packers' Raising Eyebrows in Malaysia"，By Kuala Lumpur，April 16，2017。

编译：任筱楠

Z 世代

Gen Z

Z 世代（Gen Z）又被称为“后千禧一代”。目前对 Z 世代并没有准确的定义，不过人口学家往往将出生于 20 世纪 90 年代中期至 21 世纪初的人称为 Z 世代。

2012 年，“今日美国”发起了一项在线调查，让读者选择千禧一代之后的一代人的名字，Z 世代这个名字就位列其中。而后，随着媒

体和各种学术研究的使用，"Z 世代"这个名字开始流行起来。Z 世代伴随着"9·11"、反恐战争、经济大衰退成长起来，因此在某种程度上，他们往往会有一些不安和忧虑。

Z 世代最显著的特征就是他们成长在互联网广泛使用的时代，社交媒体对于他们的生活方式有着重要影响。虽然千禧一代也是互联网和移动设备的爱好者，但是 Z 世代则完全是数字时代的原生民。Z 世代与千禧一代在社交媒体上的表现也是有所区别的。千禧一代多渴望独特，而 Z 世代则更希望成为社交群体里广受欢迎的一分子，他们很看重自己在脸书（Facebook）上获得了多少个"赞"或是有多少粉丝。

据估计，Z 世代有着几十亿美元的消费潜力，因此，各个行业的营销人员都希望能够充分地了解 Z 世代以便吸引他们消费。Z 世代熟练掌握科技并习惯从科技中获得灵感，他们对交流方式、消费方式以及旅行体验有独特需求。Z 世代喜欢通过图片、视频等方式传递信息，并且希望这些信息实时、简短并富有冲击力，以便他们在社交媒体上交流、再创作和分享。Z 世代成长在一个信息过载的时代，他们处理信息的平均速度为 8 秒，这一特点将彻底改变旅游业的营销方式。视觉营销、个性化推荐以及快速的在线预订系统将成为吸引 Z 世代购买旅游体验的必备条件。而对于目的地的营销者来说，通过视频讲出真实有趣的故事对吸引 Z 世代是很有作用的。

来源："Generation Z"，*Wikipedia*。

"Gen Z Will Soon Transform the Travel Industry"，By Lucy Fuggle，*Huffingtonpost*，May 13，2017。

"How Millennials and Gen Z Forever Changed Travel Marketing"，*Pixlee*，October 10，2016。

编译：任筱楠

X 一 代

Generation X

X 一代（Generation X）是出生于婴儿潮一代之后、千禧一代之前的人口群体。由于 X 一代的开始或结束没有确切的日期，人口学家和研究人员通常使用出生年份来定义 X 一代，即出生于 20 世纪 60 年代中早期到 80 年代早期的一代人。

这代人在20世纪80年代的经济衰退中长大，又经历21世纪初的互联网泡沫破灭，就在他们成家立业之际，又要面对全球金融危机和经济下滑。X一代上有老下有小，在就业市场"腹背受敌"，优势全无。由于家庭压力、升迁无望、遭人忽视等，不少X一代容易满腹牢骚，焦躁不安。X一代有时被描述为懒散、愤世嫉俗和不满的人，他们多喜欢摇滚和嘻哈音乐以及独立电影。在中年时期，研究称他们活跃、快乐，并能平衡工作与生活，这群人被认为有成为企业家的倾向。

X一代经常被描述为个人主义者，他们主观意志强、潇洒自信、消费至上，因此，X一代往往被很多目的地列入促进旅游消费的生力军。有调查显示，在旅途上，X一代是忠诚度最低的一代，也许是因为当他们拥有购买力的时候，OTA（即意为在线旅行社）正处于优势。他们会根据价格来调整忠诚度，82%的人会在网上预订旅游，71%的人会通过OTA来搜索。另外，相较千禧一代和婴儿潮一代，X一代旅行中每日花销最多。X一代在生活上的转变，也反映在了旅游习惯上。他们的后代成为影响旅游决策和安排的重要因素，子女学校假期很大程度上控制着他们的旅游时间安排，他们最大的度假动机是有足够的时间去放松。

美国的X一代喜爱在度假村停留，特别是距离家乡不远的墨西哥普拉亚德尔卡曼地区。

来源："The original Generation X"，*BBC News*，March 1，2014。

编译：赵乾坤

依赖型旅游者

Dependable Tourist

依赖型旅游者指依赖型心理类型的旅游者。这一概念由美国学者帕洛格（Stanley Plog）提出，在早期研究中，帕洛格将其称为“自我中心型”（Psycho-centric）旅游者。这类旅游者的人格特点表现为思想封闭、态度保守，缺乏自信和主动性，喜欢循规蹈矩，喜欢熟悉的人群环境，花钱比较节制，偏好购买流行品牌的消费品，喜欢舒

适、宽松、低风险的生活方式。他们不经常外出旅游，即使出游也以休息和休闲为主，希望所开展的活动具有可测性、稳定性和按部就班。

依赖型旅游者的旅游消费行为特点包括：停留天数少；很少乘坐飞机旅行，偏好自驾车出行；偏爱开发程度高的旅游热点；乐于选用廉价住宿设施；在目的地停留期间，多会选择自己所熟悉的娱乐活动；前往陌生地时喜欢有导游陪同；喜欢选择具有标志作用的纪念品；对于自己所喜欢的旅游目的地，会经常故地重游。

与依赖型旅游者相对的是冒险型旅游者和中间型旅游者。冒险型旅游者喜欢到陌生地旅行，青睐自助游的旅行方式，他们活动量大、入乡随俗，且对同一个旅游目的地的重游率较低。中间型旅游者介于二者之间。不过，这一定义并不绝对，一个旅游者可能在某一个时间段表现为依赖型旅游者，而在另一个时间段则更像冒险型旅游者。对于一个新开发的旅游目的地来说，最初所能吸引来访的游客主要是冒险型旅游者。随着时间的推移，其他心理类型的旅游消费者会陆续跟进。当该旅游目的地步入成熟期，特别是形成旅游热点时，所能吸引的游客则会主要偏向于依赖型旅游者。

来源：*Leisure travel*：*a marketing handbook*，Pearson Education Asia Ltd.，2005。

"Why destination areas rise and fall in popularity"，Cornell Hotel and Restaurant Administration Quarterly，1974。

编译：申金鑫

旅 游 超 载

Overtourism

旅游超载是指游客流量超过旅游目的地承载能力的情况。旅游超载不仅会影响到游客的体验，还可能在旅游目的地引起一定的社会问题。最近，欧洲很多城市都发生了当地居民反对大众旅游的抗议活动。

近年来，巴塞罗那居民抗议大众旅游的声音一浪高过一浪。最近

发生在巴塞罗那的一次反对大众旅游的游行中，抗议者高举起了“这不是旅游，这是入侵!”的标语。城市中心的房屋被改造成短租房向游客出租，本地居民的房租成倍上涨；传统的生活商店被旅游商店取代；街区里永远挤满了熙熙攘攘的游客，越来越多的当地人开始搬离城市中心。根据巴塞罗那市政府的统计数字，深受游客喜爱的哥特区的人口已经从2006年的2.747万人下降到了2015年年底的1.5624万人。如今，这里63%的人口都是游客或短期居住者。

威尼斯居民也上街游行，抗议旅游业导致本地物价上涨、巨型邮轮污染生态环境。据相关报道，2015年，仅有5.5万名居民的威尼斯接待游客总量达3400万人次。不堪重负的威尼斯人选择离开，威尼斯的人口正以每年约2000人的速度减少。

除了“老牌”旅游胜地，旅游界的“新贵”也开始尝到了大众旅游带来的压力。因电视剧《权力的游戏》大火的杜布罗夫尼克是邮轮旅游最青睐的目的地之一。不过当地的居民发现，随着一船船邮轮客的到来，杜布罗夫尼克的老城正变得拥挤不堪。

这样的情形下，当地政府为了减轻居民的压力，开始征收旅游税并出台相应的限制性措施。例如，杜布罗夫尼克就将每日接待邮轮游客的上限定在8000人，并在古城内安装摄像设备监控人流量。威尼斯市政府联合旅游局推出了“尊重威尼斯”的活动，旨在教导游客遵守相应的规则，如禁止在城市中心骑自行车或在运河内游泳，游客如有违反，将面临25至500欧元的罚款。而巴塞罗那政府则决定“市中心禁止新建任何酒店”并停发新的旅游住宿牌照。

有业内专家表示，目前上述欧洲城市爆发的这类活动，表面上是当地居民和游客之间的矛盾，实质上则是大众旅游的既得利益者与未从旅游业中受益的那部分居民的冲突，这种矛盾和博弈是会长期存在的。很多外媒认为，欧洲旅游已经到了“临界点”，当地政府必须转变思想以维持旅游业的可持续发展。政府有责任减轻当地人负担，同时帮助他们转变思想、以更包容的心态面对旅游业的发展。

来源："Dubrovnik Seeks to Sharply Curtail Cruise Tourism", By Tom Stieghorst, *Travel Weekly*, August 16, 2017。

"European Tourism At a Tipping Point", *The Week*, August 11, 2017。

"Barcelona Is Trying to Come to Terms With Its Overtourism Problem", By Charles Penty and Maria Tadeo, August 17, 2017。

编译：任筱楠

利 基 市 场

Niche Market

利基市场又称“缝隙市场”、“壁龛市场”、“针尖市场”，指需求规模较小，其利益追求尚未得到多数生产者或供应商普遍重视的消费者人群，即那些被市场中的统治者或有绝对优势的企业忽略的某些细分市场或者小众市场。简言之，就是那些高度专门化的需求市场。

Niche 来源于法语。在建造房屋时，法国人常常在外墙上凿出一

个不大的神龛，它虽然小，但边界清晰，洞里乾坤，因而后来被用来形容大市场中的缝隙市场。在英语里，它还有一个意思，是指悬崖上的石缝，人们在登山时，常常要借助这些微小的缝隙作为支点，一点点向上攀登。20 世纪 80 年代，美国商学院的学者们开始将这一词汇引入市场营销领域。

菲利普·科特勒在《营销管理》中给利基下的定义为：利基是更窄地确定某些群体，这是一个小市场并且它的需求没有被服务好，或者说“有获取利益的基础”。通过对市场的细分，企业集中力量于某个特定的目标市场，或严格针对一个细分市场，或重点经营一个产品和服务，创造出产品和服务优势。按照菲利普·科特勒的界定，利基市场的识别主要涉及三个方面：第一，该人群的规模较小；第二，在针对该人群的需求提供服务方面目前尚属空白；第三，具有获利的基础，即面向该人群的经营会有足够的获利空间。

来源：“The pronunciation of niche is more commonly either /niːʃ/ or /nɪʧ/”，Merriam-Webster，December 20，2017。

编译：赵乾坤

文物活化

Heritage Revitalization

文物活化是指致力在历史建筑的持续发展和文物保育两者之间取得平衡，活化善用建筑，为它们注入新生命，赋予建筑可持续的新用

途，供市民大众享用。在商业化浪潮的冲击下，世界上不少历史建筑、文明古城或被圈起来过度保护或大开大敞过度开发，而文物活化巧妙地避开了这两个极端的走向，探寻出一条历史建筑保护、利用的新途径。

文物活化的目的有四：第一，保存历史建筑，并以创新的方法予以善用；第二，把历史建筑改建成为独一无二的文化地标；第三，推动市民积极参与保育历史建筑；第四，创造就业机会，特别是在地区层面方面。

近年来，“文物活化”这一概念正被越来越多地应用到旅游可持续发展领域。在西方，“文物活化”的概念早已深入人心，被列入 Heritage Restoration、Heritage Revitalization 的项目更是比比皆是。西班牙盛名远播的 Parador 国营酒店集团旗下近百家酒店都是由废弃古堡改建而成，而巴黎香格里拉大酒店的前身则是法国文化遗产 Palais Iéna 宫殿。德国杜伊斯堡北部的埃姆舍（Emscher）公园其原址是冶炼厂，位于荷兰马斯特里赫特的最美书店则是由 700 岁高龄的教堂改建而成，而占据布达佩斯城堡山南端的匈牙利国家美术馆和布达佩斯历史博物馆则是由前皇宫“活化”而来的。提到过去最安静、现在最热闹的文物建筑当属比利时布鲁塞尔的马丁尼夜店和美国洛杉矶的 Cicada 餐厅，前者的前身是教堂，而后者，这家当下好莱坞电影钟爱的拍摄背景地和名流们的聚餐、派对地则是由一家 1928 年的男士高奢精品服饰店改建而来。

来源：“Revitalization of Heritage for Revitalization of Tourism”，by VBrumberg，Heritage，Tourism & Hospitality International Conference (2014)。

编译：赵乾坤

场 景 重 现

Reenactment

场景重现，又称历史重演，是指人们按照一定的计划再现特定的历史事件和场景的教育、娱乐活动。场景重现这一活动可谓历史悠久，古罗马人曾在他们的露天圆形剧场内向公众展示历史上著名的

战斗场景。19 世纪，场景重现开始变得普遍起来。1821 年，白金汉公爵在自家的湖面上重演了拿破仑军队的海战场景。1839 年，由埃格林顿伯爵阿奇博尔德·蒙哥马利组织的埃格林顿锦标赛（Eglinton Tournament）再现了宏大的中世纪场景，吸引了 10 万人来苏格兰观看。

于 1961—1965 年举行的美国南北战争百年纪念活动被认为是现代场景重现活动的开端。20 世纪八九十年代，场景重现十分流行，这得益于为纪念马纳萨斯战役 125 周年在战场原址附近举行的大型场景重现活动，有 6000 多人参与到这场重现历史的表演中。

场景重现的参与者多为历史爱好者，参与者的年龄是多元化的，从幼童到耄耋老人都可能会参与其中。除了业余爱好者之外，有时历史学家和军人也会参与其中。

如今，场景重现已经不仅限于战争场景的重现，很多历史上的生活场景也都被重现出来，让观者可以沉浸到特定时期的生活情境之中。而生活场景的重现没有特定的剧本，一些博物馆和历史景点会雇佣专业的人士展示历史上真实的生活场景。位于瑞典首都斯德哥尔摩的斯坎森露天博物馆就真实反映了瑞典各个时期的建筑面貌，所有建筑严格按照原状进行复原陈列，室内陈设也按当时情景布置，穿着传统服装的工作人员“生活”和“工作”在这特定环境中，完全重现了瑞典特定历史时代的生活场景。

来源：“Reenactment of the 1812 Battle of Berezina”，*USATODAY*，November 26，2017。

编译：任筱楠

旅游标识系统

Tourism Signage System

旅游标识系统指设定在一定范围内，使相关旅游信息传播给信息接受者，帮助其了解相关旅游目的地状况，引导旅游者完成游览行为的标识体系。

旅游标识系统由旅游标识对象、旅游标识本体、旅游辅助标识三

大部分组成。其中旅游标识本体分为介绍标识、展示标识和表现标识，旅游辅助标识分为导向标识、宣传标识和管理标识。旅游标识系统具有以下功能：基本信息的传输和导向服务，帮助游客了解并欣赏旅游目的地，加强对旅游资源和设施的保护，提升旅游者的旅游体验等。旅游标识系统按照用途划分，可分为行业标识系统、社会文化标识系统、综合标识系统；按照区位划分，可分为城市旅游标识系统、旅游交通标识系统。

在很多西方国家，旅游标识整体设计都是统一的。这些标识通常以白色和褐色为主色调，并使用无衬线字体方便观者阅读。为了方便旅游者，标识文字通常是双语的，象形符号让人一目了然。20 世纪 70 年代中期，法国开始使用统一的旅游标识，此后，越来越多的国家开始使用统一的旅游标识。

随着时代的发展，旅游标识的设计在注重标准化同时开始挖掘当地特色，使其真正融入环境。部分标识可以成为目的地的特定符号（如美国 66 号公路的标志），成为旅游者的“拍照点”和“兴奋点”，让旅游者留下深刻的印象，获得良好的游憩体验。

来源：“Tourists’ National Culture and Airports Tourism Signage System”，By Reza Moosavi，*researchgate*，June 2013。

编译：任筱楠

旅游飞地

Tourism Enclave

旅游飞地，是指在景观、商业活动、社会心理等方面脱离周边区域总体面貌的旅游地。旅游地为了使旅游者可以仅停留在有限的旅游社区空间内，往往为旅游者提供足够丰富而完备的生活用品和旅游设施，导致旅游地和周边社区相隔绝，形成截然不同的景观、文化背景和经济结构，呈现“孤岛”现象，这时旅游地就成为旅游飞地。容易成为旅游飞地的旅游地包括滨海度假区、主题公园、古村落等。它可

能会在一定程度上削弱旅游发展对于当地经济应有的带动作用。

旅游飞地作为一种特殊的旅游发展形态，是旅游发展不成熟阶段的产物，在发展中国家的表现最为明显。在旅游飞地中，旅游设施大都受外来资本控制，因此外来资本的所有权和控制权是一个重要特征。在旅游飞地中，客源主要以发达国家的国际旅游者为主。如在博茨瓦纳三角洲地区，大多数的旅游者来自于欧洲、北美、新西兰、澳大利亚和南非。

由于旅行方式和旅游飞地固有的缺陷，在旅行过程中，游客与当地居民之间的接触和联系受到了限制。设施完备的旅游飞地的管理者总是特别留意，确保旅游者不会在旅游飞地之外进行消费。旅游飞地的各级管理部门为了限制和控制旅游者与当地社区之间的经济贸易和文化交流，通常使用包括劝说、警告在内的“遏制政策”，从而确保旅游飞地“休闲集中营”的封闭性。动物园式的分隔格局是旅游飞地的重要特征之一。

来源：“New Poro Point tourism enclave set to start construction”，*High Beam Research*，September 27，2007。

编译：顾欣宜

代 码 共 享

Code-Sharing

代码共享是指一家航空公司营销而由另一家航空公司运营的航班。即旅客在全程旅行中有一段航程或全程航程在 A 航空公司购买的机票，实际乘坐的是 B 航空公司航班，那么 A 和 B 的此航班号为代码共享。

对航空公司而言，代码共享不仅可以在不投入成本的情况下完善

航线网络、扩大市场份额，而且越过了某些相对封闭的航空市场的壁垒。对旅客而言，则可以享受到更加便捷、丰富的服务，比如众多的航班和时刻选择，一体化的转机服务、优惠的环球票价、共享的休息厅以及常旅客计划等。正因为代码共享优化了航空公司的资源，并使旅客受益匪浅，所以它于 20 世纪 70 年代在美国国内市场诞生后，短短 20 年便已成为全球航空运输业内最流行的合作方式。

来源：The New York Times，December 28，2011. “Financial Review”，November 21，1989。

顾客忠诚计划

Loyalty Program

顾客忠诚计划，也称常客忠诚计划，是指连锁企业或合作企业对于消费相对频繁的顾客提供的一系列购买优惠、增值服务或其他奖励方式，其目的在于奖励忠诚顾客、刺激消费并留住核心顾客，是实施关系营销的一种重要方式。

20 世纪 80 年代以来，随着科技、网络和全球化进程的发展，市

场开始从卖方市场向买方市场过渡，企业日益认识到建立在顾客满意、信任和忠诚基础上的稳定的长期客户关系具有极大的经济价值。酒店业以其领先的市场意识为现代顾客忠诚计划奠定了重要基石。1986 年 6 月，喜来登饭店集团创立了全球第一家酒店系统的顾客忠诚计划——“荣誉宾客奖励俱乐部”。从此以后，顾客忠诚计划被广泛地运用于酒店业中，并不断根据顾客的需求衍生出丰富的产品内容。

2013 年，酒店顾客忠诚计划再次实现飞跃式的转变。越来越多的客人会通过舆论口碑、网站点评和奖励计划选择一间酒店，酒店顾客忠诚计划开始玩出更多花样，同时也成为酒店品牌建设的重要途径。差异化的顾客忠诚计划会使顾客觉得自己受到了酒店的关注和尊重，在情感上满足了顾客真正的需求，进而使顾客忠诚度得到进一步深化，这是忠诚计划作为提升直接预订的手段最终的发展方向。

希尔顿荣誉会、凯悦金护照、喜达屋 SPG 俱乐部、万豪礼赏、费尔蒙金尊体验被美国网站评为 2014 年最优秀顾客忠诚计划。以希尔顿荣誉会为例，其成员多为高端商务旅客，他们不仅能在遍布 91 个国家的 4000 余家希尔顿酒店通过入住获得积分，还能用这些积分换取高端旅行社的旅行体验及全球 60 家航空公司的飞行里程。喜达屋 SPG 俱乐部则以慷慨取胜，会员只要积分达到一定级别，其预订客房均可以升级成套房，并享有升级后房间的一切配套用品，如欢迎果篮等。

随着酒店顾客忠诚计划的不断进化，它将不仅仅是积分或免费住宿一晚这么简单。在“互联网 +”时代，酒店调整忠诚计划的目的，最终还是通过个性化定价和额外优惠提升其官网的直接预订量。

来源：“Hotels and OTAs Race to Revamp Their Loyalty Programs to Boost Bookings”，Special Nodes，Tnooz，2016。

编译：王颖

从农场到餐桌

Farm to Table

“从农场到餐桌”，顾名思义，是指将新鲜的食材从农场直接运送到餐厅进行烹饪，尽可能缩短食材贮存的时间，以保障口感和味道的新鲜。究竟是谁提出了“从农场到餐桌”这一理念已很难确定，但在21世纪的前10年，这一理念得到了快速的发展和普及，已经成为农业旅游中的一种重要体验形式。

“从农场到餐桌”这一概念强调吃本地的、应季的和营养的食物，越来越多的餐厅开始将此作为经营理念。这些餐厅往往提倡让游客们品尝食材原本的味道，也通常会在餐厅中营造出一种“吃在自然中”的就餐环境，最大限度地让游客们感受到人与自然之间的交流与和谐。同时，餐厅往往会和当地农场建立直接联系和合作，让这些农场直接为餐厅提供食材。因为运输时间和贮存时间都比较短，食材中无需化学添加剂来延长保质期，也避免了在长途运输中的营养流失。此外，因为倡导吃应季食物，这些餐厅的菜单也会经常更换，游客们在不同季节可以品尝不同菜式。

“从农场到餐桌”这一理念对环境和地区经济也有益处。由于食物取材的范围在 100 英里（约 161 公里）半径内，有的甚至直接取自餐厅自己的农场或屋顶农场，食物运输过程中的碳排放较少。而此类餐厅和农场建立的联系也对促进当地经济有积极影响。由于运输环节简化，农场的利润空间有了明显增长。

除了以上这些优点，倡导“农场到餐桌”这一理念的餐厅还给了游客们一个了解农业与农作物的机会。这些餐厅的主厨经常会去农场亲自挑选食材，游客们也可以亲自体会到这种人与自然的亲密交流。他们可以了解到农场的种植历史以及食材的加工方式，这有利于培养游客们用一种可持续发展的观念看待餐饮业和旅游业，也有助于鼓励他们树立环保观念。

来源：“Farm-to-Table Concept”，By Tiff Coe，*eHow*. “Is It Time to Table Farm-to-Table”，By Corby Kummer，*Vanity Fair*，May 18，2015。

编译：王雅琨

分 时 度 假

Time Sharing

分时度假最初指人们在度假地购买房产时，只购买部分时段的产权，几户人家共同拥有一处房产，共同维护、分时使用的度假形式。后来逐渐演变成每户人家在每年只拥有某一时间段的度假地房产使用权，并且可以通过交换系统对不同房产的使用权进行交换。

世界各地对分时度假有不同定义。美国佛罗里达州《分时度假房

产法案》规定："所有以会员制、协议、租赁、销售或出租合同、使用许可证、使用权合同或其他方式作出的交易设计和项目安排，交易中，购买者获得了对于住宿和其他设施在某些特定年度中低于 1 年的使用权，并且这一协约有效期在 3 年以上"，即称之为分时度假项目。欧盟也出台《欧盟分时度假指令》，保护消费者购买分时度假产品时的权益。

分时度假的核心要素包括：产权、对于合同有效期的规定、预付款项以及每年住宿天数的要求。随着点数制俱乐部和短期包价旅游等各种新产品形式的不断涌现，分时度假的定义也在不断变化。

分时度假模式最先从欧洲兴起。20 世纪 60 年代的欧洲，度假风气兴盛，法国地中海沿岸开发了大量海滨别墅，欧美政要、贵族、富商蜂拥而至，成为欧洲乃至世界的休闲度假中心。由于房产价格高昂，多数家庭无力单独购买度假别墅，而部分有能力购买别墅的用户，每年的使用时间非常有限，最多只有几周，空置率很高，所以出现了亲朋好友联合购买一幢度假别墅供大家不同时间分别使用的情况，最早的分时度假概念由此产生。

来源："Buying a Time-Share With Ownership Variations"，*The Balance*，September 9, 2016。

编译：顾欣宜

全球旅游伦理规范

Global Tourism Ethics

全球旅游伦理规范是世界旅游组织为促进负责任的和可持续的旅游发展，给 21 世纪的旅游者和旅游利益相关者指定的一个参考框架。基于世界旅游组织预测，全球国际旅游在 21 世纪的前 20 年将增长两倍，为了实现旅游地居民的最大利益和尽可能减少旅游对环境和文化遗址的负面影响，世界旅游组织深信需要一个《全球旅游伦理规范》，

为世界旅游的利益相关者提供一个“参考框架”和“游戏规则”。

1997 年，在伊斯坦布尔召开的世界旅游组织大会决定成立专门委员会，负责起草《全球旅游伦理规范》。1999 年 10 月，《全球旅游伦理规范》文本在世界旅游组织第 13 届大会上通过，2001 年 12 月 21 日得到联合国大会决议（A/RES/56/212）的核准。

《全球旅游伦理规范》对现代化旅游伦理有明确规范，“旅游是一种最经常和休息、放松及健身相联系且接近文化与自然的活动，它应当作为一种实现个人和集体满足的特殊方式进行规划和从事；当怀着一种非常开放的观念从事旅游活动时，它便成为自我教育、相互容忍和了解不同人民和文化之间的合理差异及其多样性的一种不可替代的因素”以及“自然旅游和生态旅游被认为特别有利于强化和提高旅游的地位，但是它们必须尊重自然遗产和当地人民，不超越其活动场地的承载力”等。

来源：“Historical decision：approval of the UNWTO Framework Convention on Tourism Ethics”，UNWTO，September 15，2017。

编译：徐玲珏

旅游卫星账户

Tourism Satellite Account

旅游卫星账户的概念首先由法国于 1979 年提出，通过欧共体委员会、经合组织与世界旅游组织三方的共同努力，2000 年 3 月联合国统计署正式批准了世界旅游组织等提交的《旅游卫星账户：建议的

方法框架》，使旅游业成为全球第一个拥有获得联合国肯定的国际性标准来测度产业经济影响的产业。

旅游卫星账户作为一个国民经济核算的工具，将旅游统计纳入了当前世界各国普遍采用的国民经济核算体系——国民账户体系（SNA），使旅游数据与其他经济数据具有可比性，为分析旅游在整体经济中的作用提供了可能，即：它一方面能提供国民经济核算中有关旅游业的准确内容与数据；另一方面可以较全面地反映旅游活动的供需情况、供需的对应与平衡问题。

世界旅游组织的旅游卫星账户数据可以通过不同表式反映旅游的各个层面，比如入境旅游、国内旅游和出境旅游消费、国内旅游消费、旅游业产出、旅游对国内总附加值（GVA）和国内生产总值（GDP）的贡献、旅游就业、旅游投资等。

来源：World Tourism Organization，http：//www.unwto.org。

世界旅游联盟

World Tourism Alliance

世界旅游联盟是中国发起成立的第一个全球性、综合性、非政府、非营利国际旅游组织。

2014 年 11 月，上海国际旅游交易会期间，国家旅游局局长李金早向联合国世界旅游组织（UNWTO）秘书长瑞法依提出建议，建立非政府国际旅游组织并发挥其作用，与现在的 UNWTO 互相配合、补充。2015 年 3 月，李金早率代表团在西班牙马德里访问 UNWTO 总部时，与瑞法依秘书长达成共识，探索由中国发起成立一个全球

性、综合性、非政府、非营利国际旅游组织。随后，国家旅游局积极与世界多国旅游部门及重要企业沟通，并获得广泛支持。2016 年 9 月 27 日，世界旅游联盟筹委会成立。2017 年 3 月 3 日，中国旅游协会行业发展座谈会在京召开，会议围绕为何、如何发起成立世界旅游联盟进行了交流。7 月 4 日，中国旅游协会向中国民政部提交世界旅游联盟成立申请。9 月 3 日，中国国务院正式批准世界旅游联盟成立。

2017 年 9 月 12 日，世界旅游联盟成立仪式在中国成都举行。国务院总理李克强向世界旅游联盟成立发贺信。李克强总理指出，实现旅游业的地区均衡和包容发展，既要发挥政府作用推进合作，也要发挥民间力量。世界旅游联盟应运而生，是当前世界旅游业发展的需要，也是全球旅游业界的共同期盼。相信世界旅游联盟将为此搭建新平台，提供新契机。中国政府愿积极关注和支持联盟建设，欢迎各国旅游业界广泛参与，为不断完善全球旅游治理体系发挥建设性作用。

2017 年 9 月 13 日，国务院副总理汪洋与世界旅游联盟创始会员等与会代表亲切合影。参加联合国世界旅游组织第 22 届全体大会的 137 个国家和地区的旅游部长、代表及 41 个国际组织的主要负责人在成都共同见证世界旅游联盟诞生。

世界旅游联盟组委会主任、中国国家旅游局局长李金早在致辞中表示：中国发起成立世界旅游联盟，是顺应国家外交大局，落实党中央积极推进特色大国外交、推进“一带一路”合作的创新之举。发起成立世界旅游联盟，源于旅游外交实践，是中国作为旅游大国在全球旅游治理的历史征程中提供的中国方案、发出的中国声音、留下的中国印记，充分显示了当代中国旅游人主动作为的积极态度、宏大格局、长远眼光。

中国旅游协会会长段强当选首届世界旅游联盟主席，美国旅游协会总裁罗杰·道、法国地中海俱乐部主席亨利·德斯坦、澳大利亚旅行商联盟主席杰森·韦斯特布里当选为联盟副主席，世界旅游联盟筹委会委员刘士军当选联盟秘书长。

世界旅游联盟主要机构包括大会、理事会和秘书处。大会是联盟的最高权力机构，由全体会员组成；理事会是会员大会的执行机构；秘书处是联盟的日常行政管理机构，由秘书长及其所聘职员组成。联盟总部和秘书处设在中国，工作语言为中文、英文、法文、俄文、阿拉伯文和西班牙文。联盟共有 89 名创始会员，来自 29 个国家和地区。

世界旅游联盟以“旅游让生活和世界更美好”为宗旨，以旅游促进和平、旅游促进发展、旅游促进减贫为使命，以互信互尊、互利共赢为原则，与联合国世界旅游组织相得益彰、双轮驱动，在非政府和政府层面联合推动全球旅游界的交流与合作。

世界旅游联盟将致力于为会员提供专业服务，搭建会员之间对话、交流与合作平台，促进会员间业务合作与经验分享；以开放的姿态与相关国际组织沟通协调，促进国际旅游合作；组建高层次旅游研究和咨询机构，研究全球旅游发展趋势；收集、分析、发布全球、地区旅游数据；为政府及企业提供规划编制、决策咨询及业务培训；建立会员间旅游市场互惠机制，促进资源共享，开展旅游市场宣传推介；举办联盟年会、峰会、博览会等活动，为民间和政府搭建交流与合作的平台，推动全球旅游界与其他业界的融合发展。

世界旅游联盟标识

WTA Logo

世界旅游联盟的标识由联盟组委会主任李金早先生设计。标识包括三部分：

一是由“World Tourism Alliance”字母缩写与抽象地球构成主框架。地球斜向上的椭圆，表现速度和旋转，WTA 字母在右上方冲出地球，寓意着 WTA 以“旅游让世界更美好”为核心理念，多元包容，积极进取，追逐梦想，开创未来。

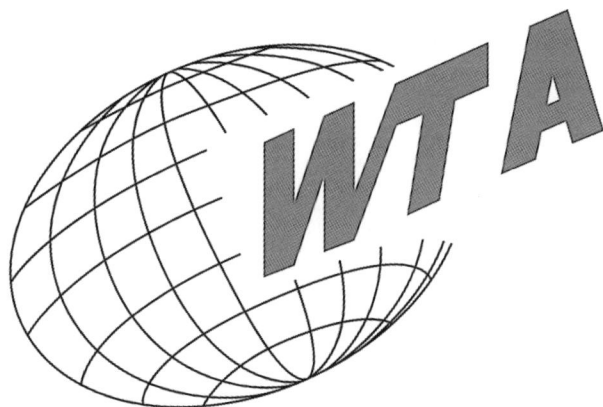

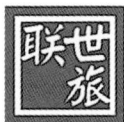

WORLD TOURISM ALLIANCE

二是世界旅游联盟中文缩写形成的中国印，具有浓厚的中国韵味，地球代表世界，表明中国旅游与世界旅游紧密相连，预示着世界旅游业界相互交融，可持续发展前景广阔。

三是世界旅游联盟的英文名称：World Tourism Alliance。

来源：http：//wta-web.org。

联合国世界旅游组织

United Nations World Tourism Organization

联合国世界旅游组织是联合国系统内负责促进负责任的、可持续的和人人可享受的旅游业的部门。作为旅游方面的主要国际组织，世界旅游组织提倡将旅游业作为经济增长、包容性发展和环境可持续发展的驱动力。世界旅游组织鼓励执行《全球旅游业伦理规范》，在将旅游业的可能存在的负面影响最小化的同时，最大限度地发挥其社会经济贡献。世界旅游组织还致力于通过旅游业促进联合国千年发展目标的实现，帮助减少贫困、促进可持续发展。

UNWTO

其前身是1934年在海牙成立的国际官方旅游宣传组织联盟（IUOTPO）。1969年联合国大会批准将其改为政府间组织，1975年更名为世界旅游组织（WTO），并于次年成为联合国开发计划署在旅游方面的一个执行机构，2003年被纳入联合国体制之内。

世界旅游组织总部设在西班牙马德里，拥有156个成员国，6个准成员国和逾400个代表私营部门、教育机构、旅游协会和地方旅游局的下属成员。组织成员分为正式成员（主权国家政府旅游部门）、联系成员（无外交实权的领地）和附属成员（直接从事旅游业或与旅游业有关的组织、企业和机构）。联系成员和附属成员对世界旅游组织事务无决策权。

1975年，世界旅游组织承认中华人民共和国为中国唯一合法代表。1983年10月5日，第五届全体大会通过决议，接纳中国为正式成员国，成为第106个正式成员。1987年9月，在第七次全体会议上，中国首次当选为该组织执行委员会委员，并同时当选为统计委员会委员和亚太地区委员会副主席。

每年的9月27日是世界旅游组织确定的世界旅游日。创立该节日的目的是为不断向全世界普及旅游理念，形成良好的旅游发展环境，促进世界旅游业的可持续发展和各国在旅游领域的广泛合作。

来源：http：//unwto.org。

编译：申金鑫

世界旅游业理事会

World Travel & Tourism Council

世界旅游业理事会，是全球旅游业商业领袖论坛组织，于1991年成立，总部设在英国伦敦。世界旅行及旅游理事会的宗旨是：充分调动旅游业所有部门、公司的领导人及其员工的智慧和能力，使各国政府充分认识到旅游对国家和世界经济发展的巨大贡献，从而为旅游发展提供政策支持，促进旅游市场的扩大，减少旅游业发展的障碍，使旅游业在全球范围内的合作取得成功。

世界旅游业理事会以“提升政府、公众认识旅游及旅游对经济和社会影响力”为核心任务，通过与各国政府通力合作，推动旅游资源的开发，拓展国际旅游市场。主要出版物有年度报告《进步与选择》

WORLD TRAVEL & TOURISM COUNCIL

(*Progress and Priorities*)。

该组织是全球唯一一个将旅游业的主要参与者（航空公司、酒店、邮轮、汽车租赁、旅行社、旅游运营商、全球分销系统和技术等）聚集在一起的全球性机构，使它们能够向政府和国际机构发出"一个声音"。

其成员包括超过150家世界领先的旅行及旅游公司的董事长和首席执行官，如美国运通（American Express）、法国雅高（Accor）和日本交通公社（JTB）的领导者等。会员企业的业务范围涵盖旅游业的整个产业链。世界旅行及旅游理事会为保持其组织的高规格和权威性，实行定额邀请加入和淘汰式会员制。会员企业必须达到全球性的经营范围，或者被认为是行业或地区内的重要参与者才有资格被邀请加入。

世界旅游业理事会每年都会举办全球以及区域峰会，峰会邀请仅限于政府首脑、内阁部长、全球旅行及旅游公司董事长和首席执行官以及其他知名人士。在过去的3年里，包括国家元首、50多位政府部长、600名董事长和首席执行官以及500多名全球媒体的成员出席了峰会活动。

来源："WTTC Says Trump Should Make Tourism Job Growth a Priority"，By Raini Hamdi，*Skift*，June 14，2017。

"China Challenges WTTC With Launch of Global Tourism Group"，By Dan Peltier，*Skift*，October 10，2017。

编译：李睿

亚洲太平洋旅游协会

Pacific Asia Travel Association

亚洲太平洋旅游协会原名太平洋地区旅游协会，于 1951 年在美国檀香山成立，1986 年，在科伦坡，经理事会表决，协会正式更名为亚太旅游协会。亚洲太平洋旅游协会是亚洲和太平洋地区的非政府、非营利性国际旅游组织，为世界旅游组织的附属成员，与很多其他国际民间组织保持工作联系。亚洲太平洋旅游协会的宗旨是：联合亚洲与太平洋地区所有热衷旅游的团体和组织，鼓励和支持本地区旅游业的发展，保护本地区特有的旅游资源，促进和便利世界其他地区的旅客前来太平洋地区各国旅游以及本地区各国居民在本地区内开展国际旅游。协会总部原设在美国旧金山，1998年10月迁至泰国曼谷。

协会汇集了来自近80家国家或地区的政府旅游机构、省市一级旅游部门，40家航空公司和邮轮公司，以及数百家旅游企业。我国于1993年加入协会。在亚洲太平洋旅游协会的会员单位中，来自中国大陆的有96个，来自中国澳门、中国香港、中国台湾的各有23个、62个、8个。协会在世界各地设有30多个分会，包括美洲、欧洲、亚洲、太平洋地区、中国、南亚地区等。中国区办事处设在北京。

协会全体成员的年度全体会议（AGM），又称全体大会（GA），负责处理协会的一般事项。亚太旅游协会执行理事会是亚洲太平洋旅游协会的主管机构及组织、法定管理机构，职能是在年度会议闭会期间，按照章程规定的亚太旅游协会外部及行业政策指南开展活动。协会还设立亚太旅游协会理事会，负责决定协会的高端外部政策、行业政策及协会定位，并就协会的重点外部及行业政策向理事会提供相应的总体指导。亚洲太平洋旅游协会的主要出版物有《焦点和趋势》（*Issues and Trends*）、《年度旅游监测》（*Annual Tourism Monitor*），以及其他一些有关会议情况等方面的信息和宣传材料。

来源：http：//www.pata.org。

编译：申金鑫

国际金钥匙组织

Les Clefs d’Or

国际金钥匙组织是酒店前厅服务人员的国际性组织，是一个非政治、非宗教、非贸易的联合会。国际金钥匙组织成立于1929年11月，总部设在巴黎，最早的成员国是法国和瑞士。其宗旨是，“在遵守各国、各地区法律的前提下，为客人解决一切困难，使客人获得满意、惊喜的服务”。

国际金钥匙组织的标志为垂直交叉的两把金钥匙，代表两种主要

职能：一把金钥匙用于开启饭店综合服务的大门；另一把金钥匙用于开启城市综合服务的大门。也就是说，酒店金钥匙成为酒店内外综合服务的总代理。国际金钥匙组织颁发的金钥匙徽章是酒店前厅服务人员的最高荣誉。对旅游者而言，酒店金钥匙是酒店服务的总代理，一个在旅途中可以信赖的人，一个解决麻烦问题的人，一个个性化服务的专家。得到金钥匙徽章的条件是：有至少三年酒店服务中心主管或副主管资历、三种以上语言的能力以及两位国际金钥匙组织正式会员的推荐。

国际金钥匙组织的主要任务是：为酒店"金钥匙"提供一个联络平台、促进团结；制订专业标准并促进标准的实施；扩大专业人员的培训范围，提高"金钥匙"的技术技巧和专业性；通过合作促进酒店及旅游业的发展；组织国际会议；维护"金钥匙"的各项权利等。国际金钥匙组织有 7 个分会，分别负责美洲、亚洲、大洋洲、中欧、西欧、斯堪的纳维亚、地中海沿岸。

中国大陆、中国台湾、中国香港分别于 1997 年、2002 年、1982 年加入国际金钥匙组织。

来源："What is a Concierge?"，http：//www.lesclefsdor.org。

编译：任筱楠

世界旅游十大新闻

Top 10 Tourism News in the World

从 2015 年开始，国家旅游局新闻办每年组织评选和发布“世界旅游十大新闻”。2015 年 12 月 24 日，国家旅游局局长李金早在首次发布时发表“放眼全球　开放兴旅”的署名文章：

2015 年世界旅游十大新闻（以时间为序）今天由中国国家旅游局新闻办隆重推出！

这本身就是一条新闻，因为它是业界的破天荒之

举。地球村的许多人，尤其西方人，今天第一次听到来自东方，尤其是来自中国关于世界旅游大事的声音。其实，无论东方还是西方，无论南方还是北方，都是地球村不可分割的部分。站在山村渔港看，地球是多么庞大，东西方、南北方似乎遥不可及。然而跳出地球去看，我们的村是多么渺小！

世界是你们的，也是我们的，归根结底是大家的。世界旅游人本来就是一家。所以世界旅游新闻大家评，顺理成章、天经地义。随着全球化推进和世界旅游发展的滚滚洪流，人们会逐渐习惯并重视来自东方的声音，尤其中国的声音。

世界从未像今天这样关注中国、在意中国、审视中国。中国也从未像今天这样关注世界、融入世界、影响世界。

在国际舞台上，旅游外交发挥着独特作用。外交为旅游铺路、护航，旅游为外交润滑、加速。

即将过去的2015年，世界经历了许多，尤其旅游风生水起、波澜壮阔，为艰难的经济复苏注入强心剂，扩大消费、投资、出口及就业，仿佛绽放于冰雪中的一枝腊梅；为脆弱的国际关系注入黏合剂，增加和平正能量，恰如闪耀在重雾中的希望之光；为身心疲惫的人们注入兴奋剂，帮助他们释放、遣兴，好似绿洲对沙漠、甘霖于久旱。另一方面，与其他领域一样，旅游也在经受磨砺，在一些地方甚至遭受恐袭和战乱之创伤。

不管谁来评选，无论何时评选，十大新闻都不可能完美概括当今多姿多彩的旅游世界，但此次评出的十大新闻，的确显示着世界旅游的亮点、焦点、痛点，有令人欣喜者，亦有使人焦虑者、甚至哀痛者。然而宏观地看，2015 年世界旅游仍然是精彩多于失败，欣喜多于焦虑，正面多于负面！

如日当秋半，层波动旅肠。

已行千里外，谁与共春光？

盘点今年，着眼未来。放眼全球，开放兴旅。让我们暂时放下 2015 年的所有，轻松开心地迎接世界旅游美好怡人的 2016 年吧！

2015 年世界旅游十大新闻（以时间为序）：

1.2015 年旅游业占全球 GDP10%，占就业总量 9.5%。中国国内旅游、出境旅游人数和国内旅游消费、境外旅游消费均列世界第一。

2. 第 21 届联合国世界旅游组织全体大会在哥伦比亚麦德林举行。

3. 联合国将 2017 年定为国际可持续旅游发展年。

4. 中国国家主席习近平推动掀起中国“厕所革命”高潮。

5. 美国为促进入境旅游改进签证和移民程序。

6. 西班牙获选 2014 年最具旅游竞争力国家。

7. 巴黎恐袭事件冲击法国旅游，联合国世界旅游组织强烈谴责。

8. 俄罗斯总统普京签署总统令，宣布对土耳其旅游业进行制裁。

9. 埃博拉疫情结束，非洲期待旅游复兴。

10. 中国政府宣布将于 2016 年与联合国世界旅游组织共同主办首届世界旅游发展大会。

2016年世界旅游十大新闻（以时间为序）：

1.2016年国际游客规模创纪录，全年突破12亿。

2. 中国国家主席习近平重视“厕所革命”引全球关注、世界喝彩。

3. 中国倡议、中国创意并与联合国世界旅游组织在华联合举办首届世界旅游发展大会。

4.2016世界旅游日聚焦无障碍旅游。

5. 里约奥运带热旅游业，“奥运客”近60万超预期。

6. 美古复交，旅游破冰。

7. 中国旅游收入跃升世界第二，继续位居世界第一大出境旅游消费国。

8. 世界多地遭恐怖袭击，旅游业受冲击。

9. 脱欧引发英镑大幅贬值，竟催热英国旅游业。

10. 难民潮冲击欧洲，跨境自由行受考验。

2017年世界旅游十大新闻（以时间为序）：

1. 中国与多国共办旅游年　旅游外交精彩纷呈。

2. 恐袭挡不住旅游业发展脚步。

3. 俄罗斯推出旅游“新福利”，电子签证可以游远东。

4. 飓风严重打击加勒比地区多国旅游业。

5. 联合国世界旅游组织第22届全体大会成功举行，祖拉布当选新一任秘书长。

6. 世界旅游联盟成立，凸显中国责任担当。

7. “一带一路”旅游部长会议在华举行，中国赴“一带一路”国家旅游人数将超2500万。

8. 习近平主席推动中国“厕所革命”，国际社会反响热烈。

9. 世界旅游业对全球GDP及就业贡献分别超过10%。

10. 美国针对 6 个主要伊斯兰国家的旅行禁令全面生效，地区局势依旧复杂。

来源："Top 10 Global Tourism News of 2017"，CNTA，Dec 31，2017。

"Top 10 tourism news in the world in 2016"，CNTA，Jan 12，2017。

"Top Ten News of World Tourism Industry in 2015"，CNTA，Jan 04，2016。

首届世界旅游发展大会

First World Conference on Tourism for Development

2016 年 5 月 19—20 日，以“旅游促进和平与发展”为主题的首届世界旅游发展大会在北京举行。大会由中国政府与联合国世界旅游组织共同主办、中国国家旅游局和北京市人民政府承办，是党中

央、国务院着眼外交全局和我国旅游业长远发展作出的重要决策，是由我国主动发起、倡议并创意在中国主场举办的一次重大旅游外交活动，不仅在我国旅游发展史上具有里程碑意义，而且在世界旅游领域也产生了重要的积极影响。李克强总理出席大会开幕式并发表《让旅游成为世界和平发展之舟》的重要讲话。莫桑比克总统纽西、联合国世界旅游组织秘书长瑞法依致辞，联合国秘书长潘基文专门向大会发来贺信。李克强总理、莫桑比克总统纽西等中外贵宾共同启动了联合国大会确定的“2017 国际可持续旅游发展年”。来自 107 个国家和 15 个国际组织以及中国政府有关部委、各省区市的代表千余人出席了会议。中国国家旅游局局长李金早主持大会开幕式。

李克强总理在致辞中回顾了中国旅游业发展历程，指出中国政府高度重视旅游业的地位和作用。强调旅游业是中国培育发展新动能的生力军、大众创业万众创新的大舞台、实现扶贫脱贫的重要支柱、建设美丽中国的助推器和中国对外友好交往的高架桥。

李克强总理对世界旅游业提出三点倡议：实施国际旅游合作计划，为世界经济复苏加油助力；加强南北对话、南南对话和互利合作，促进落实可持续发展议程；发挥旅游的和平桥梁作用，进一步放宽人员往来限制，共同推进旅游往来便利化，提升旅游突发事件应对能力，坚决反对一切针对游客的恐怖行为。宣布未来 5 年中国将实施 50 个旅游业国际合作项目，包括开展旅游资源开发与保护、派遣专家提供旅游业规划咨询、培训中文导游和管理人员，提供 1500 个来华人员培训名额。

在大会高峰论坛上，伊朗副总统兼文化遗产、手工业和旅游组织主席索尔坦尼法尔、毛里求斯第一副总理兼旅游与对外交通部长杜瓦尔、瓦努阿图副总理兼旅游商务部长纳图曼和李金早分别发表了主旨演讲。有关国家旅游部长、国内省区市负责人及中外旅游企业代表围绕“旅游促进和平”、“旅游促进发展”和“旅游促进扶贫”三个议题深入交流。大会一致通过了成果文件《北京宣言——推动可持续旅游，促进发展与和平》。

首届世界旅游发展大会的成功举办，是中国旅游业发展水平的一次综合展示，是中国旅游业引领可持续发展的一次成功实践，也是中国旅游外交的重大突破，进一步提升了中国旅游业在国际上的地位和影响。

来源："First World Conference on Tourism for Development: Premier Li of China calls for higher financing for development in tourism"，UNWTO，May 20，2016。

二十国集团旅游部长会议

7th G20 Tourism Ministers’ Meeting

二十国集团（G20）旅游部长会议，是国际经济合作的主要平台之一，2009 年在哈萨克斯坦的阿斯塔纳举行的第 18 届联合国世界旅游组织大会会外活动期间根据成员国提出的倡议创建。当时最强大经济体的领导人期望通过采取协调一致的行动，发挥旅游业的潜能，支

持实现经济复苏和创造就业机会的目标。

G20 成员为世界各地区主要的工业国家和新兴市场代表，这些国家拥有全球 90% 的国内生产总值、80% 的贸易额以及 2/3 的人口，同时也是全球重要的旅游目的地和出境旅游客源市场。目前，会议已成为二十国集团成员经济体间发展旅游合作的重要机制。6 年间，G20 成员入境旅游人数由 6.6 亿人次增长到 8.3 亿人次，国际旅游收入由 7470 亿美元增长到 9200 亿美元。

二十国集团旅游部长会议每年举办一届，首届会议于 2010 年举行。第七届二十国集团旅游部长会议由中国国家旅游局与联合国世界旅游组织共同主办，于 2016 年 5 月 20 日在北京举行。国务院副总理汪洋出席会议开幕式并致辞。联合国世界旅游组织秘书长塔勒布·瑞法依、联合国副秘书长吴红波分别致辞。本届旅游部长会议主席、国家旅游局局长李金早主持开幕式。

来自二十国集团成员的旅游部长和代表，以及联合国、国际劳工组织、经济合作与发展组织、世界旅游业理事会等国际组织代表出席会议。

本届会议主题为"可持续旅游：促进包容性发展的有效工具"。会上，联合国世界旅游组织发布了《可持续旅游：促进包容性发展的有效工具》主题报告。会议审议并通过了《第七届二十国集团旅游部长会议公报》。

G20 各国旅游部门一致同意，推动旅游业落实 2030 年可持续发展议程，完成可持续发展目标。鼓励二十国集团考虑将旅游业作为实现二十国集团确立的打造增长和发展新途径任务的重要产业。公报集中体现了参会各国促进可持续旅游、推动旅游业落实全球可持续发展目标方面的最新共识。

G20 旅游部长会议是二十国集团成员加强旅游合作的重要平台。2010 年首届部长会议召开以来，各方在推动签证便利化、旅游投资合作、国际旅游统计等方面做了大量工作，成员间旅游交流合作规模日益扩大，不仅为G20成员国经济复苏提供了重要支撑，也为各国就业创业和减贫作出了突出贡献。

来源："7th G20 Tourism Ministers' Meeting"，UNWTO，May 20，2016。

中俄蒙三国旅游部长会议

China-Russia-Mongolia Tourism Ministers' Meeting

2016 年 7 月 22 日，首届中俄蒙三国旅游部长会议在内蒙古呼和浩特市举行。中国国家旅游局局长李金早、俄罗斯联邦旅游署署长萨福诺夫、蒙古国驻华大使策·苏赫巴特尔出席会议。会议形成并一致通过了《首届中俄蒙三国旅游部长会议联合宣言》；建立中俄蒙三国

旅游部长会议机制，每年召开一次会议，由三国轮流举办；成立中俄蒙“万里茶道”国际旅游联盟，推出茶路之旅特色旅游线路；制定三国旅游中长期合作规划及年度合作计划，推动旅游基础设施建设，共同开发旅游市场，建设旅游品牌。三方将在旅游研究、旅游规划、旅游投资、智慧旅游、品牌打造、旅游展会、宣传推广、资料制作、资源互换、信息互通、旅游培训等领域加强合作，共同开展跨境旅游合作，包括旅游专列、旅游自驾车、青少年旅游交流等专项活动。鼓励各自地方旅游机构及旅游业界积极开展区域间和行业间的旅游交流与合作。

一年来，三国旅游合作不断深化，旅游交流规模持续提升，为中俄全面战略协作伙伴关系、中蒙全面战略伙伴关系奠定越来越强大的民意基础，成为三国合作的重要内容。中俄蒙旅游部门按照《建设中蒙俄经济走廊规划纲要》相关要求，成立“万里茶道”国际旅游联盟，举办主题交流推广活动，新开通国际旅游包机、国际旅游专列，开展一系列工作，激发旅游活力，推动三方旅游合作迈上新台阶。

2017 年 6 月 21 日，第二届中俄蒙三国旅游部长会议在俄罗斯布里亚特共和国首府乌兰乌德成功举行。中国国家旅游局局长李金早、俄罗斯联邦旅游署署长萨福诺夫、蒙古国环境保护与旅游部国务秘书青克勒出席会议并讲话。三方围绕深化旅游务实合作，提升旅游交流规模，改善旅游服务品质，助力“一带一路”等三国发展战略对接等共同关心的问题进行了深入讨论，达成诸多共识。会后，三方共同签署了《第二届中俄蒙三国旅游部长会议纪要》，并商定将于 2018 年在蒙古国首都乌兰巴托举办第三届中俄蒙三国旅游部长会议。

来源：“The First China-Russia-Mongolia Tourism Ministers' Meeting Opened in Hohhot”，CNTA，Jul 25，2016。

“一带一路”旅游部长会议

B & R Tourism Ministerial Meeting

2013年，国家主席习近平提出共建丝绸之路经济带和21世纪海上丝绸之路，即“一带一路”倡议，得到全球100多个国家和国际组织的积极响应，形成广泛的国际共识。中国同60多个国家和国际组织签署了合作协议，相当一部分协议强调了旅游推动互联互通的积极作用。近年来，中国主动参与、积极推动全球旅游业的大发展，也实实在在分享了全球旅游业的发展成果。“一带一路”让旅游市场更加广阔，让旅游资源价值更加凸显，让旅游便利性进一步提升，让各国

政府更加重视旅游业的发展，营造了良好的旅游国际合作环境。

2017年9月13日，在联合国世界旅游组织第22届全体大会期间，“一带一路”旅游部长会议在成都成功举办。中国国家旅游局局长李金早、世界旅游组织秘书长瑞法依出席会议并作主旨发言。中国、俄罗斯、哈萨克斯坦、保加利亚、柬埔寨等“一带一路”沿线国家旅游部长围绕深化合作等议题展开深入研讨。大会发布《“一带一路”旅游合作成都倡议》，获得沿线国家积极响应。在“一带一路”框架下深化合作、共享旅游业发展果实，成为与会代表广泛的共识。出席联合国世界旅游组织第22届全体大会的100多个国家和地区的旅游部长、41个国际组织负责人、千余名代表参加会议。

沿线国家旅游部长们在研讨中对“一带一路”倡议给予高度评价。他们认为，在“一带一路”倡议下，旅游大有可为。旅游业不仅仅是促进经济增长的重要产业，也是增进不同国家和地区人民友谊的桥梁，对于维护地区稳定与世界和平有着积极意义。相关国家和地区的旅游业已经在“一带一路”倡议下受益匪浅，通过共商共建共享，提高了旅游企业的竞争力，深化了旅游产业的国际合作，扩宽了旅游事业的发展空间，未来将进一步深化丝路沿线国家的旅游合作，开启“一带一路”旅游新格局。

大会通过《“一带一路”旅游合作成都倡议》，提出为进一步深化国际旅游交流，倡议在以下方面加强合作：加强“一带一路”旅游合作；加强政策沟通，提升旅游便利化水平；创建旅游合作机制，提升旅游交流品质；开展旅游联合推广，充实旅游合作内容；加强旅游教育交流，提升旅游智力支撑；共同应对挑战，加强旅游风险处置能力；加强合作，发挥协同效应。

来源：“China to hold B & R tourism ministerial meeting in September”，Xinhua，May 18，2017。

丝绸之路旅游部长会议

Tourism Ministerial Meeting on the Silk Road Economic Belt

2015 年 6 月 19 日，丝绸之路旅游部长会议在陕西西安正式举行。丝绸之路沿线国家旅游部长及联合国世界旅游组织代表，围绕扩大人员交流规模、提升旅游便利化水平、联合开展推广活动、提升旅游交流品质等议题进行了深入交流与讨论。中国国家旅游局局长李金早主持会议。各国旅游部长认为，丝绸之路是沿线各国共有的宝贵财富，

也是旅游发展的重要资源。加强丝绸之路沿线国家间的旅游合作，对于促进各国经济社会发展与地区的和平稳定具有重要意义。

为进一步增进丝路沿线国家的旅游交流与合作，各国旅游部长讨论通过了《丝绸之路旅游部长会议西安倡议》。指出，丝绸之路沿线国家将共同打造“丝绸之路”旅游品牌，推进“畅游丝绸之路”活动，将沿线国家作为整体旅游目的地对外推介，吸引更多区域外游客到沿线国家旅游。打造“一程多站”旅游产品，丰富产品供给，不断提升区域旅游产品的吸引力，推动区域各国实现客源共享。各国还将加强旅游市场合作，推动沿线各国的市场互换和客源互送，努力扩大人员互访规模。同时，为了给游客提供更多便利，《丝绸之路旅游部长会议西安倡议》还建议丝绸之路沿线各国增加跨境航班，充分利用跨境铁路和公路资源，提升国家间的旅游交通条件；争取各国政府对旅游区域合作的更大支持，推动实施更加便利的签证政策，简化通关手续，不断提升旅游便利化水平，为各国旅游发展与合作创造良好的环境。建立高效务实的旅游合作机制，共享旅游发展机遇，加强文化遗产保护，共同应对旅游业发展的困难和挑战。

来源：“7th UNWTO International Meeting on Silk Road Tourism and 1st Tourism Ministerial Meeting on the Silk Road Economic Belt”，UNWTO，June，2015。

联合国世界旅游组织第 22 届全体大会

22nd UNWTO General Assembly

世界旅游组织（World Tourism Organization，UNWTO）是联合国系统的政府间国际组织，是旅游领域的领导性国际组织。其宗旨是促进和发展旅游事业，使之有利于经济发展、国际间相互了解、和平与繁荣。全体大会是世界旅游组织的最高权力机构，每两年召开一

次，批准预算和工作方案，审议重大问题，是目前全球旅游界规模最大、规格最高的会议。

2015 年 3 月，国家旅游局代表团在西班牙马德里访问联合国世界旅游组织总部时，与该组织达成共识：由中国承办第 22 届联合国世界旅游组织全体大会。

2017 年 9 月 13 日，联合国世界旅游组织第 22 届全体大会在四川成都开幕。中国国务院副总理汪洋出席开幕式，宣读中国国家主席习近平致大会的贺词并致辞。联合国世界旅游组织第 22 届全体大会主席、中国国家旅游局局长李金早主持开幕式并作会议总结。

国家主席习近平在贺词中指出，旅游是不同国家、不同文化交流互鉴的重要渠道，是发展经济、增加就业的有效手段，也是提高人民生活水平的重要产业。习近平强调，中国高度重视发展旅游业，旅游业对中国经济和就业的综合贡献率已超过 10%。未来 5 年，中国将有 7 亿人次出境旅游。中国拥有悠久历史、灿烂文化、壮美山川、多样风情，我们热情欢迎各国旅游者来华观光度假。联合国世界旅游组织为推动全球旅游业发展、加强国际旅游交流合作发挥着积极作用。希望各国以这次会议为契机，共同推动全球旅游事业取得更大发展。

汪洋副总理表示，中国正加快步入大众旅游时代，旅游业在经济发展、生态建设、人文交流中发挥着日益重要的作用。要坚持以创新发展为引领，推动旅游业供给侧结构性改革，增强旅游发展新动能。坚持以协调发展为支撑，优化旅游空间布局，强化公共服务和综合监管，提升旅游业发展质量和效益。坚持以绿色发展为优先，把开发服从保护的理念贯穿于旅游规划、建设、管理、服务全过程，提升旅游生态文明价值。坚持以开放发展为动力，全面加强国际旅游交流合作，拓宽旅游业对外开放的广度和深度。坚持以共享发展为目标，积极发展乡村旅游、全域旅游，带动就业、促进脱贫，提升人民群众的获得感。汪洋副总理强调，旅游是开放的产业、合作的产业。中方愿与国际社会一道，扩大相互市场开放，推进互联互通，加强能力建设合作，提高安全保障水平，深化人文交流，推动全球旅游业可持续发展，为促进世界和平与共同发展贡献力量。中方发起成立的世界旅游联盟，是世界旅游组织体系的有益补充。希望各方积极参与，共同利用好全球旅游业界的智慧和资源禀赋。

联合国秘书长安东尼奥·古特雷斯在向大会的贺词中积极回应：旅游业是最有影响力的综合性产业之一，要努力使旅游业成为经济、社会、全球的变革力量，成为推动各国可持续、包容、公平以及繁荣发展的核心力量。联合国世界旅游组织秘书长塔勒布·瑞法依和与会各国旅游部长纷纷表示，习近平主席高度重视发挥旅游在促进经济、政治、和平、发展中的重要作用，此次贺词与多个中外旅游年贺词一脉相承，充分体现出习近平主席对旅游作为经济综合产业、人民幸福事业的深入思考和战略眼光，这必将对推动全球旅游持续增长、加强国家民族理解互信、促进人类全面发展产生深远影响。

联合国世界旅游组织现任秘书长瑞法依和候任秘书长祖拉布对本次大会予以高度评价："此次大会将不仅是联合国世界旅游组织的一个重要里程碑，也将是世界旅游业发展的一个重要里程碑。"

李金早在作会议总结时说，第22届全体大会是一次成果丰硕的大会。与会代表深度聚焦旅游可持续发展，成功举办了"一带一路"旅游部长会议，成立了世界旅游联盟，选举产生了下一届联合国世界旅游组织秘书长。这次大会是在全球旅游业快速发展、旅游规模快速扩大、旅游地位显著提升，同时又面临许多挑战的背景下召开的一届旅游业国际盛会，对全球旅游业的发展进步具有特殊的历史意义。

大会共召开6次全体大会、2次执委会会议、30余场专题和区域性会议等一系列专业性会议，取得了系列成果。为落实联合国《2030年可持续发展议程》和"2017国际可持续旅游发展年"计划，大会围绕推动旅游实现可持续发展进行深入探讨，从各国自身发展经验出发，积极贡献智慧，规划设计可持续发展的旅游方案，达成广泛共识，发布《“一带一路”旅游合作成都倡议》等成果文件。与会代表还共同种下了“旅游可持续发展友谊林”。大会产生了下任秘书长，推选格鲁吉亚驻西班牙大使祖拉布（唯一候选人）为新一届秘书长，任期为 2018—2021 年。大会还通过《旅游道德框架公约》。这是联合国世界旅游组织第一个具有法律性质的公约。大会还决定科摩罗和索马里成为联合国世界旅游组织正式成员国，由此成员国数量增加到 158 个。大会最终确定俄罗斯圣彼得堡为 2019 年第 23 届联合国世界旅游组织全体大会的承办城市。本次大会还通过了第 694（XXII）号决议，决定在第 23 届全体大会前逐步实现中文的官方语言化，即在部分会议中开始使用中文。此次大会将中文列为官方语言之一。

美国有线新闻网、欧洲新闻台、法国国际广播电台、西班牙埃菲社以及中国的中央电视台、新华社、凤凰卫视等 130 余家国际媒体踊跃报道了此次会议。

联合国世界旅游组织第 22 届全体大会是该组织有史以来规模最大的一次盛会，同时也是近年来在华举办的规格最高、规模最大的重要旅游外交活动之一。大会期间，李金早邀请联合国世界旅游组织前任、现任和候任三位秘书长共进午餐，畅谈世界旅游发展。出席会议的外国政要和皇室成员 7 人、部长级贵宾 121 人、大使级贵宾 38 人、国际组织负责人 41 人、会议代表千余名参会，其中包括沙特阿拉伯王国亲王兼旅游和古迹大臣苏尔坦，伊朗伊斯兰共和国副总统兼文化遗产、手工业和旅游组织主席阿里，格鲁吉亚共和国副总理兼外长贾内利泽，瓦努阿图共和国副总理兼商务和旅游部长那图曼，科摩罗副总统哈桑尼，保加利亚皇室西美昂二世等。

来源：“22nd UNWTO General Assembly in China：a week of important achievements”，UNWTO，Sep 18，2017。

策划编辑：段海宝
责任编辑：段海宝　夏　青　崔秀军

图书在版编目（CIP）数据

"旅游外交"热词/华旅兴 编著. —北京：人民出版社，2018.2
ISBN 978－7－01－019001－3

Ⅰ.①旅…　Ⅱ.①华…　Ⅲ.①旅游业-国际合作-经济合作-研究-中国
Ⅳ.①F592.3

中国版本图书馆 CIP 数据核字（2018）第 034590 号

"旅游外交"热词
LÜYOU WAIJIAO RECI

华旅兴　编著

人民出版社 出版发行
（100706　北京市东城区隆福寺街 99 号）

山东鸿君杰文化发展有限公司印刷　新华书店经销

2018 年 2 月第 1 版　2018 年 2 月北京第 1 次印刷
开本：710 毫米×1000 毫米 1/16　印张：14.5
字数：200 千字

ISBN 978－7－01－019001－3　定价：40.00 元

邮购地址 100706　北京市东城区隆福寺街 99 号
人民东方图书销售中心　电话（010）65250042　65289539